悩む力

べてるの家の人びと

斉藤 道雄

みすず書房

悩む力——べてるの家の人びと

写真／鮫島晶子

目次

土を食む

マサルの幻聴

「大坂勝、精神分裂病。十八歳」

マイクをにぎりしめ、ぶっきらぼうに大坂君は話しはじめた。

「あの……、いま精神分裂病にかかって、すごいいま、重い病気にかかっているんですけど……、それで、困って……」

壇上の椅子で足を組んだ大坂君は、虚空を見つめながらとぎれとぎれに話をする。丸刈りの坊主頭、剃りを入れた眉、すわった目つき。全身から分裂病患者特有の緊張した静謐を漂わせている。

北海道浦河町の文化会館で開かれた「べてるの家」の総会で、大坂勝君は自分の病気を語ろうとしていた。会計報告や代表のあいさつにつづいて行われた「トーク&トーク」という催しで、べてるの家のメンバーがつぎつぎに精神分裂病という自分たちの病気を語っている。その三番目が彼の番だった。

「それで、困って……いま悩んでいることは、とくにないんですけど、自分は、アパート、フラワーハイツに、暮らしてるんですけど……」

ゆっくり、ゆっくり、ことばを切りながらの話に、二百人ほどの聴衆がじっと耳を傾けている。べてるの家の関係者だけでなく、町の住民や遠く本州の各地からやってきた訪問者もまじっている。

「……暮らしてるんですけど、それで、それがもっともいやなんですけど、その、自分自身のいやなことは、ちょっと人にいわれたりすることばに、文句つける、いやなんですけど……」

話が飛び飛びで、わかりにくい。

なにか悩んでいることがあるのか、いやな思いをしているのか。

マイクをもつ手がずっと揺れるように震えている。薬の副作用だろう。幻聴の激しい大坂君は、抗精神病薬を使っている。分裂病患者がしばしばそうであるように、彼はことばのなかで息をつき、詰まりながらあいだをあけて小刻みに話をする。発音がところどころ不明瞭なのはこれまた薬のせいだが、極端な省略を重ねたかのような話はいつもよりさらに難解だ。けれど彼は、混乱しているようにみえても、そのことばのなかから私たちになにごとかを伝えようとしている。

「……いやなんですけど、で、自分も、はっきり、いわせる、いわせ、られる……、自分も、はっきり、もっとも必要な点は、えっと……」

はじめて聞くものにとって、もうその話はほとんどわからない。

けれど大坂君を知るものは、なにを話そうとしているのかおおむね読みとることができる。彼は幻聴と対峙しながら維持されている自分の生活の危うさをのべているのだ。アパートにいても外に出てもつきまとうあの幻聴。どんなにふりはらおうとしても、なにをしていても聞こえてくるひどい幻聴のために、ひとりでぶつぶついったり空笑したりの毎日で、仕事はおろか日常生活にも集中できずトラブルがたえない。そんなふうに幻聴に支配されている自分を「いやなんです」とふり返っている。

分裂病患者にとって幻聴は、なにしろリアルでとても空想の産物とは思えない。いつも頭のなかで不意に声がして、いきなり「なにしてんだ!」とか、「だめじゃないか!」と〝責めて〟くる。人によって聞こえ方はさまざまだが、大坂君の場合、幻聴は三人の声が入れかわり立ちかわり聞こえてくるのだという。まるでそこにほんとうに人がいて、話しかけてくるようなのだ。だから思わずびくっとしたり、とっさに口答えしたりしてしまう。おまけに彼の幻聴は意地が悪く、自分がやろうとしていることをいつも先まわりしていってくる。薬飲めよ、とか、風呂に入れよ、とか、そうしようと思っていることを先にいわれると、もういらいらして怒ったり笑いだしたりしてしまう。いちばんかなわないのは、どれが幻聴でどれが現実の声かわからないときがあることだ。

どうしてこうまで幻聴にいじめられなければならないのか。考えても混乱するばかりだが、当分のあいだ、そしてもしかすると一生、自分はそのなかで暮らさなければならない。そのわずらわしさ、しんどさ、つらさ。そんな思いを懸命に話そうとしている。

発病して三年、まだ症状は軽くないし、壇上で話をしているあいだも幻聴が聞こえているのかもしれない。けれど一見混乱しているように見えても、発病当時の支離滅裂さからくらべればいまの大坂君は別人のようだ。自分の病気がわかるようになったし、病気をまがりなりにもことばにして人に話せるようになった。彼を知るものはだれもが、この三年の起伏にとんだ経過を思い起こしながら、「マサルもここまで変わったか」と感慨を深めたことだろう。

そのときである。

「バーロー!!」

舞台のすそから、静寂を破る叫び声があがった。

ケンちゃん、石井健さんだ。発病してから四十年になるベテランの精神病患者が、突然、舞台の下から叫びはじめた。興奮のあまりバカヤローがバーローになっている。なにがおきたのか。

「はやくやれー。あー、もう、おおー、おこっちゃれー!」

なにをいっているのかことばが聞きとれない。大坂君の方を見て怒鳴っているけれど、彼のことを怒っているのではないらしい。みんなが椅子に腰かけている会場で、ケンちゃんはただひとり、床にぺたんと正座して叫んでいる。

ときどき、ケンちゃんはこうして人を驚かすことがある。人が集まる席にでかけてはいきなり歌いだしたり叫んだりするけれど、きょうは怒鳴っているからなにかイライラしているのだろう。壇上の大坂君はといえば、声を止め、ふり向きもせずじっと前を見ている。その姿は、木に止まった小鳥が冬を前に黙考しているかのようだ。

ケンちゃんはさらに意味不明の叫び声をあげ、やがて正座したまま頭をかかえてうずくまってしまった。その間ほんの十数秒。それを見届けたかのように、大坂君がふたたび口を開く。

「で、自分の必要な点、なんですけど、自分は、幻聴があって……」

肝心な点に入ろうとしたところで、また叫び声が不意をつく。

「こんにゃろー! いーでもー、やーでらーんだ……」

コノヤロー、まではわかるが、あとは意味不明。だれを見るでもなく、だれに向かってでもなく、ケンちゃんは身体を折り曲げたまま憑かれたように叫びつづける。その叫び声が急にトーンを落として泣き声にかわる。

「あーくしろー、こーやろー、あーあー。マサルー!」

早くしろ、といっているのか。もうやめろ、といっているのか。なんだかあわれっぽい泣き声になって、しかし最後の「マサルー!」というところだけはいきなり命令調に変わっている。その多彩な変化に会場から思わず笑い声があがる。どうしたの、ケンちゃん、きょうはそうとう機嫌悪いよね。けれどケンちゃんは叫び終わるとすっと立ちあがり、なにごともなかったかのように客席の前を歩いて舞台の反対側に移っていった。しばらくしたらまた向こうで大声をあげるのだろうか。

そんなわけで大坂君の話は中断されてしまった。会場のざわめきがおさまったところで、司会で精神科医の川村敏明先生が、もういいかなというようにマイクを取り上げる。そして黙りこんだ大坂君の顔をのぞきこむように、話しかけた。

「だいたい、話せた?」

いいたいことが、少しはいえただろうか。

「いま話してるあいだ、頭、真っ白になってたでしょ」

え、まあ、そうですね。

大坂君が苦笑いしながら頭をかく。

ただでさえ話が混乱していたというのに、途中であんな叫び声をあげられたんじゃ、なにも考えられなくなっちゃう。

大坂君の顔を見ながら、ひとつ間をおいて先生がつぶやく。

「幻聴が出たみたいで」

いまのケンちゃんの声、幻聴ってあぁいうふうに聞こえるんだろうね。

この川村先生のひとことに、会場の人びとは一瞬の間をおいてどっと笑いだすのであった。

人がまじめに話してるときに、勝手に声が割りこんでくるんだから、あれってまさに幻聴だよな。でも大坂君、あぁいうのには慣れてるよね。なんか、いやがらせみたいにも聞こえるけど。

現実と紙一重のきわどい冗談に、会場は笑いころげるのであった。え、まあ、そんな感じですと、当の大坂君もこわばった顔に笑みを浮かべている。

緊張がほぐれたところで、川村先生が会場に語りかける。

「いまのが、精神病の世界の体験だというふうにも思えるんですけど。（つまり）なにかしようと思ってたら、（幻聴が）こう聞こえてきて、なにもできなくなっちゃうような、ね。ですから彼らはたいへん不自由な世界のなかに生きてるんじゃないかなっていうのが、ちょっと想像できたんじゃないかと思うんですけど」

会場で話を聞いている人びとは、多くが分裂病の患者や家族、看護婦やソーシャルワーカーなどの医療関係者だ。みんな精神病と日常的に接していながら、この病気にどう対処していいかわからない悩みを大なり小なりかかえている。そうした専門家の面々が、たったいま目の前でおきたことから、なるほど、分裂病の主要症状のひとつである幻聴とはこういうものなのか、あるいはこう捉えればいいのかとあらためて目を開かれるのであった。

けれどここでたいせつなのは、幻聴をどう理解すればいいかというようなことではない。あるいは、分裂病患者にどう接すればいいかということでもない。

たいせつなのは、ともに笑うという精神なのだ。

大坂君が真剣に自分の病気について話し、ケンちゃんがそれをぶちこわし、そのやりとりを川村先生が「あれは幻聴だよな」とまぜかえす。そのユーモアをみんなで笑う。それはけっして精神病をあなどり、軽く見ているための笑いではない。むしろ反対に、精神病がいかに困難な病気であり、この病気の前に私たちがどれほど無力であるかを知りつくした人びとが生み出す、まことに正直な笑いなのである。それは狂気を排除するのではなく引きよせ、恐れるよりはむしろ人間存在の一部として認めようとする人びとが、その日常のなかで生み出す笑いなのである。*

＊　一般に精神病とよばれる疾患は精神分裂病（統合失調症）が中心で、ほかにうつ病、薬物中毒などをふくむこともある。分裂病は幅広い概念で診断にもばらつきがあるが、多くは幻覚（幻聴や幻視）、妄想、思考の混乱などをともなう。地域や時代、文化背景を問わず百人に一人がかかる一般的な病気であり、ほとんどの患者は発病の一時期などをのぞけば社会生活を送ることができる。

共同住居

浦河は、どこにいってもカモメとカラスの鳴き声がする町だ。

襟裳岬に近い北海道の南の端にあって、海沿いのいくつかの集落が国道に細長くならんだこの町は、人口一万六千人とけっして小さくはないが、過疎地の例にもれずこの二十年人は減りつづけている。町の中心にある瀟洒な大通りにも人影はまばらで、一歩裏通りに入れば人影よりさらにまばらな住宅が海岸線にならび、港ではイカ釣り船が眠るように岸壁に寄りそっている。

その港の端にある製氷倉庫の脇から、山側に向かってのびる細い道をたどると、国道と日高本線の踏切をすぎて道はたちまち住宅地をはずれ、なだらかな上り坂となる。その上り坂がはじまるあたり、港から歩いてほんの二、三分のところに「べてるの家」は建っている。

べてるの家は、古い教会の建物を作り直してできた精神障害者の共同住居だ。木造モルタル二階建で、玄関のうえに残る小さな尖塔が、かつてこの建物が教会だったことを物語っている。建てられて半世紀近くになる古い教会堂は、礼拝用のホールだったところを共用部分の広間と小さな部屋に区切り、二階部分も改修して十一人のメンバーが住めるように作り直された。白いペンキで塗られた壁と深緑の屋根にはあちこちに錆が出て、床や壁はつぎはぎだらけ、さすがに建物の年輪は隠せない。けれどその全体からは、風雪にたえてていねいに人の手が加えられてきたことがわかる、こころにしみる穏やかさが伝わってくる。

　玄関を入ってすぐのところにある広間は二十畳ほどの広さだ。二十四時間みんなのたまり場になっていて、いつもだれかの姿を見かけることができる。居住者はソファにただじっとすわっていることもあれば、とりとめのない話でタバコをふかし、テレビをつけながら食事をしていることもある。共同住居の住人だけでなく、病院に入院中の仲間や作業所にやってきたメンバーが立ち寄り、思い思いの時間を過ごすことのできる場所でもある。

　私が訪れた十月の晴れた日の朝、広間ではちょうど早坂潔さんが朝食を食べようとしていた。台所の一升だきの電気釜から茶碗にご飯を盛り、生卵と醤油をかけるだけのシンプルな朝飯である。茶碗をかかえて床の上にどっかとあぐらをかき、湯気のたつご飯をさらさらとかきこんでいるところはなかなか美味しそうだったが、半分ほどかきこんだところで早坂さんは話し出すのだった。

「俺ら、ふり返っていうわけじゃないけどな、俺らってな、やっぱり人に指されてってていうか、いわれてな、いわれてやれるような人間でねえべ。いわれたらちょっと角にまがってさ、ひねくれて横道にそれている人間だべ、根っこがな」

　彼の話は、初対面ではなにをいっているのかよくわからない。〝早坂節〟とでも名づけたくなる独特のことばづかいで、ふいに話し出し、話題は脈絡なく飛んでゆく。聞いているのかいないのか、横のソファでは石井健さんと坂本辰男さんがぼんやりとタバコをふかしていた。

「俺らって、指さされてやるのって苦手な方だべ。まして、あらためて病院あがりだとかっていうわけじゃねえけど、なんだか知らねえけど、ほれ、こころがひねくれてんだ、少しな」

精神障害者というのは考えてみれば素直にできていない、ああしろこうしろといわれても、そのとおりにできないし、もともと不器用なうえに人からは精神病院にいたなどといわれてしまう……と、しばらく聞いていると早坂さんはそういうことをいっているのだとわかる。部分的に意味不明だが全体をとおして聞いているとちゃんと話が伝わっている、不思議な話し方だ。しかも話が伝わっているだけでなく、彼でなければ出せない絶妙なニュアンスがともなっている。

残りの卵ご飯をさらさらとかきこみながら、早坂節はつづいた。

「ふつうだったらいられんぞ、ふつうの家庭でな、精神障害っていわれる人が病気になって、いっつも固まってたり、飯食わなかったりしてたらさ、すぐ突っこまれるな」

「固まる」というのは精神病の「発作」とおなじ意味で、これがおきると早坂さんはほんとうに彫刻のように体が固まってしまう。つまり、自分たちのような精神障害者はふつうの家庭にいることはむずかしい、病気になると発作が起こるし食事もできず暴れたりするので「突っこまれる」、つまり怒られてしまう、だからここ以外のふつうのところに住むのはむずかしい。

「四六時中、ちゃんとしなさい、ちゃんとしなさいといわれたってできない。それがなんだかわかんないし、ちゃんとすることさえがわかんないもん。ちゃんとできねえもんにちゃんとしろっていったって、そりゃおめえ」

できない相談なのだ。

精神病とひとことでいっても、じつに多彩な症状、状態を呈するから、みながだらしないわけではない。潔癖すぎて病気の人もいる。けれど精神障害者は早坂さんのように身のまわりの始末がきちんとできないとか、きれいに片づいた生活をすることがむずかしいというのがむしろ一般的だ。それはけっしてサボっているからとか性格がだらしないからというのではなくて、病気の表れともいえることなのだ。ところが世間はなかなかそれを理解しようとしない。精神障害者にきちんとしろというのは、風邪をひいている人に咳をするなというのとおなじことだというのに。

「(べてるに)来たばっかりのときは、なんもしなかったんだ、タバコばっかり吸ってね。生活っていうこともできなかったし、掃除ひとつできるわけでなかったし、ご飯も食べなかったしね。来たとき、どっからどうやっていいんだか、自分でもできなかったから」

早坂さんは、いまでは米をたき食事も自分でできるようになった。けれど掃除や風呂はまだ苦手だ。いわれなければひと月でも風呂には入らない。

「ちゃんとする」ことができない人たちが、集まっていっしょに暮らせばどうなるか。混乱のきわみだとだれもが思うだろう。事実、べてるの家もかつては荒れ放題で問題だらけ、トラブルだらけだった。混乱のなかで発作が起こればなにもわからず「ぱぴぷぺぽ状態」になる早坂さんは、そのたびにだれかれの見境なく突き当たっていた。

「俺もいきがっててね。で、岡本さんとやったんだわ。何回かケンカしたんだけれどね、鼻かじったり耳かじったりしてた仲なんだ。で、このごろね、ケンカしなくなったんだわ。戦争はやめるべってことになって」

早坂さんが話をしているあいだに、広間にはいつのまにか「社会見学」を終えて帰ってきた岡本勝さんがすわっていた。

分裂病の幻聴のせいで、岡本さんは浦河の町をよくひとりで歩きまわっている。おおかたは踏切の横にある三田村商店まで缶コーヒーを買いにいったり、その途中で側溝を見ながらじっと道ばたにしゃがみこんでいるくらいだが、大声で笑ったり泣いたりしながら浦河駅まで歩いてくることもある。そうやって歩きつづけることは「社会見学」なのだという。夏は丸首の肌シャツ一枚に作業ズボン、冬は黒の防寒コートに長靴と軍手というのが定番で、薄い眉とすわった目、いかつい顔にいがぐり頭でいかにも怖そうだが根はやさしい。その岡本さんも、十年前にべてるの家に来たときはよくケンカに巻きこまれていたという。

「最初入ってすぐにケンカやったんだ。僕ばかりじゃなくて、そのへん見てるところでだれでもやってんだ。だからそういうのなくすべ、なくすべって、僕いってきた。世の中、平和な方がいいんだって。戦争よりも平和だって、俺いってきた。それが三年くらい前から平和になってきたね。それまでの七年ていうものは、やっぱりいろんな形での戦争がおきてたよ」

「戦争」がおきると、共同住居のガラスが割れ、ドアが破られ、パトカーや消防車がやってくる。出刃包丁が突きたてられたこともあった。「戦争」は必ずしもケンカだけではない。調子をくずしたメンバーがひとりでわめいたり暴れたりすることもあるし、引きこもった仲間を助けるためにみんなでドアを破ったこともある。早坂さんたちにとって古い教会堂はけっしていつもやすらぎにみちた住み家ではなかった。

「だから、べてるってのはね、いろんな意味でみんながいい、いいっていってるけどね、やっぱり住んでみないとね。よさっていうかね、こわさとかよさとか、いろんな面が出てくるからね。ただべてるがいいっていってきてね、住みますっていっても、住めないところだわ。ビール瓶は吹っ飛んでくるし、出刃包丁は吹っ飛んでくるしさ。すごいところなんだよ、ケンカはあるしね。(みんな)病気だからな」

早坂さん自身、あのころなぜあんなにケンカばかりしていたんだろうと思う。

「生意気だったよ、若いころは。だから僕の友だちっていうのね、ケンカ友だちだなあ。あの、なんてったらいいんだべな、会話の友だちじゃなくて、身体の友たちだな、変な話だけどな」

それが、歳月を経て身体から会話の友だちに変わっていった。

「やっぱ、俺ひとりの力よりもね、みんなに支えられてるんだなあってのは、最近わかってきた。この二、三年だね。自分だけじゃないんだなあっての。だからぱぴぷぺぽになっても、こうやって帰ってきてこうやって住めるっていうかね、(みんなが)受け入れてくれてるせいで、また生きれるんだなってのがわかる。そしてそういう悩みってのをね、岡本さんに話したりみんなに話したりする場がね、やっぱり必要なんだなあってのがだんだんわかってきたっちゅうかね、うん」

けれど、それでもうべてるに戦争がなくなり平和が訪れたかというとけっしてそんなことはない。共同住居は、あるいはべてる全体は、あいかわらず争いやもめごとの絶えない問題だらけの場なのだ。たとえば別の日に共同住居を訪れてみると、佐々木實さんが額に大きなバンドエイドを張りつけて居間のソファにすわっている。「紳士の岡本さん」に殴られてしまったのだという。それも、額と耳が裂けて血だらけになり、病院にいって四針もぬう大騒ぎだった。佐々木さんによれば、発端はささいなことだった。

「結局ね、資源ゴミになってね、牛乳パック、これを開いてやってくれっていったらね、『俺に命令するのか！』って」

べてるの家でも、ゴミに出すとき牛乳パックは開いて出すことになったのだが、そんな分別ゴミの分け方がわからない岡本さんがムシャクシャとなって十三年ぶりに人を殴ってしまったのだ。あのときは「もうわけがわかんなかったんだ」という岡本さんは、下を向いてボソッとつけ加えるのである。

「精神病だからな」

精神病だからといって、人を殴っちゃいけないよというとこんどは上を向いていう。

「だってそういう精神病なんだもの」

そういう岡本さんのどこまでがいいわけなのか、本心なのか。

それを聞いていた神田次男さんが口をはさむ。

「いやあ、ダメなんだ、それは。人を一発殴ったら一万円取られんだぞ」

なんで一万円とられるのかわからないが、アルコール依存症の神田さんにいわれて素直に謝る岡本さんでもなかった。

「だけどケンカとか戦争とかはよ、どっちがいいかなんてことは裁判かなんかやんなきゃわかんねえぞ」

「だからな、岡本さん、人間ってものはもちつもたれつ、楽しくやらにゃだめさ」

神田さんもまた、無骨な顔に似あわずこころがやさしい。

「だからみんなそう思えばいいさ。世の中にそうでねえのがいるんだ。ケンカやって鬱憤はらしてるやつもいるよ。それが困るんだよ」

「それが人間でねえか」

「ケンカやるのがあたりまえだ」

「ケンカはダメだ。ケンカ売られてもいいから買うな、っていうの」

神田さんに説教されて、岡本さんはこんどは隣にすわっている佐々木さんに矛先を向ける。

「(佐々木さんは)ここじゃやらねえけど、病院じゃ看護婦ぶったたいてるんだぞ」

そんなことないないと、佐々木さんは苦笑いしながら手をふっている。

佐々木さんも病気が悪いときはいろいろ人に迷惑をかけている。けれどそれはもう昔のことだ。いつだって佐々木さんはいい人だよと神田さんがいうと、岡本さんももうそれ以上口を開かなかった。だれが仲たがいしているというのではなく、もめごとは起こり、またもとにもどるのである。会話を広間の隅で聞いていたケンちゃん、石井健さんがふっと席を立ち、「ビール買いに行く」といって外に出ていった。最初からなにもいわなかった滝源一さんは、あいかわらずソファにすわったままじっと目の前を見つめている。たまたまそこに居合わせた五人の分裂病とアル中の男たちは、脈絡のないやり取りを唐突に終わらせるのであった。

開け放った窓の外では、初秋の雨が降りつづいている。べてるの家の軒先からは屋根の雨が筋になって流れ落ちていた。

べてるの家では、こんなやり取りがずっとくりかえされてきた。

この古い共同住居は、二十年あまりのあいだそこに暮らす住人や出入りする仲間のさまざまなできごとを見つづけてきた。古びて黒光りする床や柱は、彼らの叫びとつぶやきと、悩みとなげきと、騒ぎと沈黙とを気が遠くなるほどたっぷりと吸いこんできた。

この二十年、べてるの人びとはけっして平和に仲よく暮らしてきたわけではない。おだやかな笑いに終始した日もあったろうが、多くは騒ぎと争いと、病気と発作と混乱と、あとをたたないもめごとに満たされた日々だった。それはいまでも変わらない。べてるはいつも問題だらけだったし、これからも問題だらけだろう。しかしそのなかで彼らはひとつの場を生み出してきた。その場が、べてるの家とよばれる共同住居と、共同住居に象徴される彼らの暮らしにいのちを吹きこみつづけてきたのである。

管理ではなく

べてるの家の特徴をひとことでいえば、と聞かれて、ソーシャルワーカーの向谷地《むかいやち》生良さんはためらうことなく「管理の行き届かないところです」と答えている。*

浦河赤十字病院の医療相談室に勤務しながら、長年べてるの家とともに歩んできた向谷地さんは、かつて自分たちも規則や管理マニュアルが必要かもしれないと考えたことがあったという。けれどそうしなかったのは、規則やマニュアルを作っても現実には役に立たないだろうと思ったからだ。そしてそれ以上に、自分たちは自分たちなりの生き方を考えてみたいと思ったためでもある。そのことを向谷地さんは『べてるの家の本』（べてるの家の本制作委員会、一九九二年）のなかでこう書いている。

もし、管理上の規則があったら、すべてが「規則にこう書いてあるから」と片付けてしまい、ひとりひとりの自由闊達な意見や発想が埋もれていくような気がしたのでした。

生活や仕事に意見をもち、そのぶつかりあいと出会いによって自分たちなりの生活を築き、「商売」のノウハウを積み上げ、育んできたべてるのメンバーにとって、そのことを放棄することは死活問題なのです。外側の人間から見ると、とてもわかりにくいことかもしれません。しかし、「ひとりひとりの意見や判断に先立つ規則を求めない」ということは、例えれば、家庭が規則によって成り立っていないことと同じことなのです。

自由闊達な意見や発想をもち、問題があればそれを「ぶつかりあいと出会い」によって解決していく。それがべてるの生き方のもっとも基本的な選択だった。「管理が行き届かないところ」というのはいかにもべてる流のユーモアをこめた言い方であって、より直截にいうなら、それは「管理しようとしないところ」であり、「管理や規則を排した生き方」でもある。

とはいえ、管理も規則もないところでどうやってみんなが暮らすことができるのだろうか。それは「外側の人間から見ると、とてもわかりにくいこと」かもしれない。『べてるの家の本』はこの点について、例えば家族のことを考えてみればわかるではないかという。家族というのは規則やルールで維持されているのではない。「ぶつかりあいと出会い」によってなりたっているはずだ。おなじように、もしべてるを規則やマニュアルでしばってしまったら、べてるはそのいちばんたいせつなものを失ってしまう。それはなによりもまず、そこに住む人びとが身をもって感じていることなのだと早坂潔さんはいう。

「なんていうんだ、あの、決まりを決めてやるようなんじゃないな。決まり作ったって、守んないもん。絶対守んない。守んないし、おかしくなるわ、病気になるわな」

決まりなんか作ったら、ただでさえおかしい自分たちがほんとに病気になってしまう。「管理の行き届かないところ」は理屈ではなく、早坂さんたちが生きていくうえの死活問題でもあるのだ。

だからべてるの家には問題のたえることがない。
もめごとや口論やつかみあいがあり、脅したり脅されたりのあいまに幻覚妄想が行き来したりと、話題に事欠くことがない。なにしろ問題だらけの人びとが問題だらけの日々を送っているのだから当然のことなのだが、べてるの家の人びとはそうした問題をどうすればなくせるかとか、あるいは防ぐことができるかとは考えない。問題がおきるのは当然で、それがおきたときにひとりひとりがどう対処するか、そうした問題をどう生きていくか、そしてまたそこでどのようなぶつかりあいと出会いをくり広げるかがここでは問われている。それが「管理の行き届かないところ」の作法であり、べてるの生き方なのだ。

そのような場所としてはじまったべてるの家は、もとはといえばうち捨てられた教会堂だった。一九五六年に建てられ、牧師がいなくなってから無人の館と化していたこの古い建物にソーシャルワーカーの向谷地生良さんが住みついたのは一九七九年のことである。就職して二年目のことだった。勤務先の病院から二キロも離れたところにある廃墟同然の建物にわざわざ移り住んだのは、若さゆえの奔放でもあったろうが、同時にソーシャルワークに深い関心をもつものとしてここを拠点になにがしかの動きを起こしたいと思ったからだろう。じっさいそれからの数年、この古い教会堂と、となりにある新しい教会の建物を使って、向谷地さんは地域の子どもたちの土曜学校を開いたり、アルコール依存症の自主グループや精神科を退院した人びととの集まりを開くなど、さまざまな活動を展開している。

そうした活動がまだ活動といえるほどの形をなしていなかったころ、古い教会堂にはいつしかひとりふたりと精神障害者がやってきて、向谷地さんとともにひとつ屋根の下で暮らすようになった。最初にやってきたのは佐々木實さんである。

佐々木さんは当時、日赤の精神科を退院したばかりだった。仕事も頼るべき身よりもなにもなく、どうすればいいかわからないでいたところに、「お化け屋敷のようなところ」でもよければ来ませんかと向谷地さんが声をかけたのである。

「屋根が破れてて、そこから星が見えてました。隙間風がひどくて、冬なんか家のなかに雪が降りこんできてね。僕、いいとこ住んだことないから慣れてたですけどね、こんなものかと思って」

冬は部屋のヤカンの水まで凍っていたが、佐々木さんにとってはこころあたたまる自分の居場所だった。精神科の患者は、退院してもかんたんにひとり暮らしをはじめることはできない。病気が完治しているわけではなく、薬を飲みながらの仕事はむずかしい。十分な収入もなく、支援してくれる人も組織もない。だいいち「病院帰り」に家やアパートを貸してくれる人がいなかった。廃屋同然の建物でのきびしい暮らしは、ほかに行くところがないからでもあったが、それでも佐々木さんがそれまでに経験した「どん底」にくらべればはるかにましだった。二十代後半で精神分裂病を発病した当時のことを佐々木さんはこう書いている。

> そのころは内気なものですから人付き合いも不得手で、良い友人もできなく、とうとう病気になってしまい、会社を無断で欠勤したり、強引に勝手にやめてしまい、実家に帰ってきました。家の人も様子のおかしいのに気づき、すぐに浦河日赤病院の精神神経科に入院させられました。入院中は自己の

無力さをいやという程感じ、これで私の人生も終わりかと思う時はほんとうに悲しい思いでした。

（『べてるの家の本』）

年月を経ての回想は淡々とした文章になっているが、周囲の話を聞くとこの文章からはとてもうかがえない苦労が浮かびあがってくる。

一九四一年生まれの佐々木さんは、浦河高校を卒業し地元で数年働いたのちに横浜の大手企業に就職した。生来まじめな働き者で、そのままいけばきっと世間なみ以上の人生を送ることができただろう。けれど慣れない土地と環境の変化、それに職場の人間関係のストレスで、就職してまもなく変調をきたしてしまう。夜眠れなくなり、内科にかかって睡眠薬を飲むようになった。ところが混乱は深まるばかりで、二十七歳で精神分裂病を発病。ふるさとに帰り浦河赤十字病院に入院したものの、当時は病気という認識がなく、「まさか精神科に入るとは思わなかった」からすぐに病院から脱走してしまった。小樽まで逃げのびたところを家族に連れもどされ、再入院している。この間の経過についてはおぼろげながら記憶があるというから、どちらかというと軽症だったかもしれない。

脱走は一度だけだった。当初の興奮がおさまり、治療を受けるようになってからの佐々木さんは「模範的な患者」だった。看護婦の信頼も厚く、病気にたいする自覚も少しずつ生まれてくる。そんなある日、病棟の格子窓からは浦河高校の校舎が見えた。かつてそこから毎日ながめていた日赤病院の病棟に、まさかこうして自分が入るとは夢にも思わなかった。卒業して十年、鉄格子をはさんで人生はみごとに反転していた。そのときの思いはどのようなものだったか。佐々木さんはいまでこそ「精神科病棟にはじめて入ったときの、あの絶望感」について話せるようになったが、当時は無力感にうちのめされ、これで人生は終わったと思うばかりだった。この社会で「精神病」の烙印を押されることがどれほど苛酷なことかを、当時も、そしてその後も身をもって味わった佐々木さんは、七年間の入院生活をおえて退院したとき、精神科を退院した患者の例にもれず、行く場所も仕事も金もなにもなかった。そして転がりこんだ先が、べてるの家だったのである。

「落ちるところまで落ちたですからねえ。それからはい上がってきて……僕、いつでもね、どん底からはいあがろうと。毎日、そう思ってやってんですよ。下いって下いってはいあがる、だから食べるものも質素だし、たばこもいちばん安いの吸ってるんです。着るものもあまりいい服着てないですし。どん底からはいあがってはいあがってやってこうと、そういう気持ちでやってんです、毎日」

襟裳町で生まれた佐々木さんは、貧乏には慣れていた。父親はアル中で毎日飲みに行き、飲めば所かまわずつぶれてしまう。夜になるとその父親を探しまわり、畑や道路に寝ているのをみつけてはリヤカーに乗せ家に連れて帰るのが佐々木少年の日課だった。なけなしの金は酒代に消え、母親がもっていたのは寝間着のような着物一枚だけだった。けれどまじめを絵に描いたような性格の佐々木さんは、過酷な境遇のなかで必死に両親を支え、家を支え、自分を支えて働きつづけた。そんな張りつめた生き方が佐々木さんの発病と関係していたのかもしれない。

病気は自分のすべてを奪い取ってしまった。けれど「それもいい経験だった」と思い返すだけの余裕が、いまはある。

「上にのぼりつめてたら、弱い人の立場なんてわかんないかもしれないですね。いまは、わかりかけてきた気しますね」

佐々木さんはいま、べてるの家が経営する「有限会社福祉ショップべてる」の社長である。社長とはいっても零細企業の従業員をかね、生来の貧乏癖はぬけず、使い古しのジャンパーに作業服でコマネズミのように立ち働く毎日だ。けっしてぜいたくや無駄遣いはせず、タバコは「しんせい」、酒は焼酎、一度かみはじめたガムは三日間かみつづけるという倹約家である（夜寝るとき、ガムは紙に包んで枕もとにおいておく）。発病してから三十年あまり、いまでも薬は飲みつづけているが、とても病気とは思えないべてるいちばんの働きものだ。しかも働くだけではなく身体を鍛えるために毎日深夜のランニングや運動を欠かさない。ひたすら、ひたむきな生き方しかできない人なのである。

「こういうことといったらあれですけど、障害もってるとね、一回挫折したら立ち直るのたいへんですよね。もう、人なみに働くとかなんかっていったら、たいへんだと思いますよね。僕は恵まれてるのかなあと思って。だから、もし会社倒産したら警備員でも土方でも畑でもやって食ってかなきゃなんないなと思って、体だけは鍛えてんですよね」

退院してまもなく、パン屋で働いたときには一日七時間働いて二百五十円しかもらえなかった。板金工場で働いたときは「病院からきている」といって冷たくあしらわれ、運転免許を取りたいといっても取らせてくれなかった。雨の日も雪の日も、みんなが車で乗りつける工場にひとり自転車で通わなければばならなかった。そんなの「たいしたことではなかった」と本人はいうが、いまならとても許されないような差別があたりまえのこととしてまかり通っていた時代である。佐々木さんのもつ自己への厳しさは、そうした時代の厳しさに培われた面もあるだろう。

「青春? なくしたかなあ……。いや、くやしくはないです。これからがありますから」

そういう佐々木さんも還暦をすぎた。

「やっぱり、生かされてきたって感じ、ありますね。自分で生きたんでなくて、生かされてきたって思いますね。こうしろとかああしろとか命令されてきたわけではないですけれど、なんか、不思議な力で生かされてきたって、そう思ってます」

どん底で終わったと思った人生は、ほんとうの人生の序章にすぎなかった。そう思えるようになったのは、べてるの家に転がりこんでだいぶたってからのことである。そこで仲間と出会い、商売をはじめ、「有限会社福祉ショップべてる」の社長となって働く佐々木さんは、ちょっと見たところまるで精神障害者の成功物語だ。けれどそんな佐々木さんもいまだに病気とのつきあいはつづいている。薬をやめて病気が再発し、入院するという「失敗」をなんどもくり返しているからだ。二十七歳で入院して以来、病気は自分の人生の一部になっている。その病気をかかえながら、成功したにせよ失敗をかさねたにせよここまできて思うのは「不思議な力で生かされてきた」という思いである。その不思議な力は、ともに暮らした仲間のみんなが与えてくれたものではなかったかと思う。

＊　精神科ソーシャルワーカー、PSW（Psychiatric Social Worker）や、たんにワーカーなどともいう。精神科の患者家族は、診療の場面以外に家庭や社会でさまざまな問題をかかえていることが多く、そうした人びとを医療相談などの形で支援するために導入された専門職。精神科での役割は近年ますます重要になっており、法律では「精神保健福祉士」という国家資格に定められている。向谷地さんの場合は精神科にかぎらず病院全体のよろず相談を任されていた。

＊＊　精神分裂病患者の多くは外来で治療を受けている。症状がきつければ一時入院するが、退院しても病気が完治しているわけではないので、長期にわたり服薬しつづけなければならない。症状が安定している状態は、治癒とはいいきれないので「寛解」などと表現される。

べてるの顔

べてるの家の最初の住人であった向谷地さんは、佐々木さんたちとともに三年暮らしたあと、結婚を機に共同住居を出ていった。この間べてるの家には何人かの住人が出入りしているが、一九八三年、向谷地さんと入れかわりにやってきたのが、いまではべてるの顔といわれる早坂潔さんである。当時二十七歳だった。

日赤病院に長期入院していた早坂さんは、精神科では名前を知らないもののない常連だった。ごつごつのジャガイモに「鬼みたいな目」がついたいかつい顔つきで、一見こわそうな風貌だがきわめて繊細な神経の持ち主でもある。どこか子どもっぽく憎めないところがあり、看護婦さんたちからは早坂さんというよりキヨシ君とよばれていた。暴れて叱られてばかりいたから、キヨシ！と呼び捨てにされていたことのほうが多かったかもしれない。人生のほとんどを病気とともにすごしてきたこのベテラン患者は、子ども時代「酒ばかりでなく、女ぐせも悪い」父親が酔っぱらって母親とケンカをくり返すのを見ながらすごしてきた。小学生のときに両親が離婚し、はじめから社会的なハンディキャップを背負わされてきたというのに、中学では学校からも追い打ちをかけられた。

母親には、勉強ができなくて遊んでばかりいたので、火バシで殴られたりしました。中学校に入り、G組（特殊学級）に入れられました。目がシャシなので「あちゃめ」と言われたり、友達が指で「G」の形を作りバカにしたのですが、我慢するしかありませんでした。（『べてるの家の本』）

家庭的な状況もあって勉強が遅れた早坂さんは、特別学級に入れられ「お前はダメだ」という刻印を押されてしまった。この選別は少年のこころに深い傷を負わせたにちがいない。その屈辱的な経験が人生「横道にそれる」決定的なきっかけとなった。

そのころになると母さんも、朝から酒を飲むようになり「お前みたいなもの、社会に出ても役に立たない」と、よく言われました。その時は、子供心につくづく自分がいやになりました。バカにされた自分が悔しかったです。（同）

学校にも両親にも見放され、深い絶望の淵にいたであろうに、たぶんそれを顔に出すこともことばにすることもできなかった。じっと我慢するしかなかった。そんな状態ですごしてきた早坂さんは、中学三年のある日、突然「母さんが死んだような気がして」わけのわからない不安に襲われる。

「その日は雨降りだったんですけど、ぐあいが悪くなって保健室に入って、学校の先生に送ってもらいました。自転車ふたりでこいで家に帰った記憶があるんですけど、帰って家のまわりを見たら母さんがいなくて。母さんはどっかいったんだろうと思って、僕は布団をしいて寝てたら、だんだん（部屋のなかが）暗くなって、赤いものが見えたりですね、赤い、警察のあの、ホワンホワンまわるサイレンみたいなやつが見えたりね」

いま思えば、それが病気のはじまりだった。

赤い光は幻覚だったのだろうか。自分の頭がおかしな状態になっているというはじめての経験に、十四歳の少年はほんろうされる。

「不安……、なんていうか、不安で寝てたんです。そんときに天井を見たら、さんの隙間に黒いものが映ったり、窓にタバコの煙なんかが映ったり、指紋が映ったりしてね。壁見たら警察手帳が見えたりしてね。寝てたら変な匂いがして、こう、飛びあがってみたらイカの足が走ったり……」

五感すべてがおかしくなっているかのようだった。

それにしても、なぜイカの足が走ったのだろうか。少年は、ほんとうのパニックにおちいっていた。

「で、寝られないもんだから、布団から出てうろうろしてたら、ばたっとぶっ倒れて、だれだかわからないんだけれど、不思議な人が僕を連れてって寝かせてくれたりね。で、朝おきたら固くなってな。警察にいって、病院の車に乗せられて日赤病院に入院しました。その（次の）春にですね、三月ころに、そこ（病院で中学の）で卒業証書をもらいました」

精神分裂病という診断だった。このとき以来、早坂さんは三十年で十六回、精神科への入退院をくり返している。

けれど病院に入ったからといって、病気が治ったわけではない。独特な話し方とおなじように、彼の病気も独特だった。精神分裂病の範疇に入りきらない病像は、たとえば病院のなかを走りまわり、壁にぶつかり暴れまわったすえに保護室に入れられるか、さもなければ固まってしまうという一風変わった表れ方をしていた。しかもその「固まり方」が尋常ではない。

「時間が止まってしまうんだわ。さあ早くご飯食べれっていわれて、固まって、二時間くらい固まってたんかな」

その姿を見ていた向谷地さんはいう。

「むかし、『時間よ止まれ』ってNHKのドラマありました。私、あれ思い出しました。時間が止まったように、茶碗もったまま三十分でも一時間でも、彫刻のように固まっていた。食べれなくなって」

ラーメンをすくい上げたところで固まり、麺がほとんど干からびてしまったこともあるし、吸っていたタバコの火がそのまま手を通って燃え、ひどい火傷をしたこともある。けれど固まってしまったときは記憶も感覚もないから痛くも痒くもなく、なにも覚えていない。まさに時間が止まっているのだ。一度横になって固まったときは八時間そのままで、体の下にあった右腕が「床ずれ」を起こし、パンパンにはれあがって治療しなければならなかった。

精神病であることはたしからしいのだが、病名はよくわからない。はじめは分裂病と診断されたが、その後ヒステリー神経症とかてんかんといわれたこともある。いろいろな病気が部分的に重なっているようで、精神病のデパートという人もいるくらい多彩な症状を示している。本人は好んで自分のことを「精神バラバラ状態」といっている。

いまでこそべてるの顔といわれ、ユーモラスな話し方で人をひきつける早坂さんだが、かつては手におえない暴れ方をするときがあった。そんな彼に日赤病院の川村先生は一九八三年四月九日、「四と九の最悪の日だからいいだろう」とわけのわからない理屈をつけて退院の許可を出してしまった。じっさいは、これ以上入院していてもなにも変わらないという判断があったからだが、べてるの家に移り住んだ早坂さんはそこであきらかに調子をくずしていった。

「どういうわけかどんどんご飯を食べなくなる。そしてだんだんやせてきて、なにかに脅えるようになる。声をかけるとテーブルをひっくり返したり、突然壁に突進してぶつかってみたり、ガラスを割ってみたりということがはじまりました」

早坂さんのそばにいた向谷地さんは、いつもその騒ぎにまきこまれていた。自分とおなじ歳の荒れる患者にどう対応したらいいのか、試行錯誤をくり返すしかなかった。そもそも彼がなんでそんなふうになってしまうのかがわからない。わからないほどに、早坂さんは荒れるのだった。

「暴れたな。向谷地さんの首、何回も締めてやったよ。壁に穴あけたよな。窓ガラスも割った……僕らの子どもの時代は殴られて育ってきたから、そういうもんだと思って、こう、ぐわーっと頭に血のぼったりして、もうそこらへんのもの投げたりとかさあ」

ちゃぶ台が舞い上がり、窓がこわれ、ドアが飛ぶ。共同住居べてるの家にとっては苦難の時代だったが、暴れている早坂さん本人もつらかったにちがいない。暴れていないときはじっと黙りこんで一点を見つめていることが多くなった。どうすればいいかわからなかったのだろう。一方向谷地さんもまたどうすべきか見当がつかなかった。あらゆることをやってみたが効果はなく、ほとんどやけくそになって早坂さん相手に「マジンガーゼット遊び」をしてみたり、無理を承知で内職の仕事をさせてみたり、教会に連れて行ってみたりと、あらゆるアプローチを試みながら出口を見出せないでいた。そうした試みを何年もつづけてほとほと疲れはて、もう投げだすしかないと思っていたある日、ふと思いついて早坂潔さんにいってみたという。

「潔ドン、賛美歌、歌うか?」

まさか歌えるとは思っていなかった。

ところが潔ドンは、まるでこのひとことをまっていたかのように歌いだした。それも朗々と。賛美歌の三一二番だった。

いつくしみ深き、友なるイエスは

罪とが憂いを、とり去りたもう……


入院中からたびたび教会につれてきてはいた。そこでこの歌をおぼえていたことは知っている。けれど固まりかけて顔が引きつり、ずっと口もきけない状態の彼が、歌えるとは思わなかった。

あのとき、なぜ潔ドンに声をかけたのだろうと向谷地さんは思う。

「私はびっくりしたし、これには感動しました。ほんとうに閉ざされたなかで、もがこうと思ってももがけないなかで、彼は賛美歌だけ歌えた。ああ、彼も苦しんでいるんだな、彼自身、もがいているんだなと思えました」

それから少しずつ少しずつ、向谷地さんは早坂さんが自分の思いを外に出すということが大事なのだろうと考えるようになった。彼の思い、もがきと苦しみは、もしかしたら中学校のときに入れられた特別学級にさかのぼるのかもしれない。両親は離婚し、自分を引き取った母親はアル中で子どもを顧みないばかりか、「お前は役立たずだ」といいつづける。そんな境遇で早坂さんはやがて友だちとも引き離されて「特学」に入れられてしまう。それが「ものすごい劣等感」になって、負けてたまるか、馬鹿にされたたまるかと、自分のさびしかった気持をずっと押し殺して生きてきた、そのほんとうの気持が表に出ないときに、彼は発作を起こし暴れていたのだと向谷地さんはようやく彼の気持の奥底に行きつくのだった。

「それがわかってくるまでに、彼自身がそれをわがこととしてわかってくるまでに十五年かかりました。……潔さんたちがだんだんこころを取りもどしてきて、『自分はさみしかったんだよ』『自分は、このことがとってもつらかったんだよ』『俺は、こんな苦労をしたんだよな』と、その苦労を語れば語るほど、だんだんとまわりとの関係が回復してきたんですね」

満身創痍の十五年だった。

自分を語ること、自分の思いを人に伝えること、そんな簡単なことが早坂さんにはできなかった。そもそも語るべきことがなんなのかを知らなかったし、人に話しかけ自分を聞いてもらうという経験をもたなかった。そうした人とのふれあいというものをこばみ、押し殺す、強く執拗な思いが彼のこころのなかにあり、抜きさしならぬ形で根づいていたにちがいない。その思いを少しずつ解きほぐしていったのは、向谷地さんの支えであり早坂さんの苦労であり、ふたりの人間としてのぶつかりあいであった。このふたりのやり取りがどのようなものであったか、その一面を早坂さんがもらしたひとことから推しはかることができる。

「向谷地さんもな、俺が話しかけると『うるさい、あっちいってろ!』なんて、怒鳴ることがあったんだ」

その点は向谷地さんも率直に認めている。

「私は唯一、彼の前では自由に怒鳴ったり、笑ったり叫んだりするんです、十何年。取っ組みあいもしましたしね。そういうなかで自分もずいぶん鍛えられてきました」

ソーシャルワーカーの向谷地さんは、自身「病院ではあまり感情の起伏のない人間で通ってる」というくらい、けっして怒鳴ったり叫んだりすることはない。どんな困難なときでも、自分の感情を人にぶつけるようなことはしない人だ。その彼が、早坂さんにだけは乱暴な口をきいた。なんとかして彼の気持を開きたいと思ったからだろう。彼の前でだけは裸になり自分の気持を飾らずに、うるさい！と怒鳴って正直にイライラをぶつける。それも試行錯誤のひとつだった。いろいろな試みのどれがどこまで効を奏したかはわからない。けれど少なくとも向谷地さんのそうした向きあい方はどこかで早坂さんに伝わったはずだ。患者を高みから指導しカウンセリングする存在としてではなく、「健常者」が「障害者」を助けようとするのでもなく、ともに悩み苦労するひとりの人間として彼とつきあう、その向きあい方が、そうした人間のこころの動きにだれよりも敏感な早坂さんに伝わっていったということだろう。

当時をふり返って、早坂さんはいう。

「僕、ま、不安があったんべな、僕のなかにな。ちゃんと話できて、話が通じて、相手に話が通じて、ちゃんとすればなんとか病院も入んないでこれたかもしれないけれど。精神科に入院するってのも、わかんなかったんだわ。どっかに連れられていくと思ったけれど、まずこわかったんじゃないかな……いまはだから、考え方ちがって、病気とどうやってつきあっていけば自分がすごく楽になるかってのがわかるようになってる。べてるにいるから生きてけるっていうか、それは早坂潔だけじゃないなと思うんだ。みんなの力じゃないかなと思うんだ」

十五年間、テーブルをひっくり返し、窓やドアをこわしつづけ、発作と失敗とトラブルを積み重ねたすえに、早坂さんはそうした自分自身の苦労をとおして自分を変えていくことができた。早坂さんにふりまわされ、首を絞められ、失敗を積み重ねながらけっして彼を離れなかった向谷地さんは、この十五年間の結果に深く納得し、そのような道を選んだ自分たちをあらためて信じることができたのではないだろうか。

悩む教会

暴れるだけだった早坂さんが少しずつこころを開くようになるまでには、向谷地さんの存在が欠かせなかった。けれどそれは向谷地さんひとりでできたことでもなかった。早坂さんは、「まわりとの関係が回復してきた」なかではじめて自分自身を取りもどせるようになったからだ。

「俺、どうしても反発する方だよ。たとえば『これしなさい』とか命令口調でいわれたら、苦手な方だからな。人づきあいの苦手なほうだ。だけどだんだん人とつきあうようになったの、うまくな。それはなぜかというと、自分とつきあうのが上手になったんだ」

早坂さんの話を聞いてくれるのは、おなじ精神障害者である佐々木社長であり、岡本勝さんであり村上求さんであり、その後べてるの家に入ってきた多くの分裂病やアル中の仲間だった。

「商売したり注文とったり、いろいろやってるなかで帰ってくると、佐々木さんが仕事終わって好きな焼酎飲んでてね、五時くらいから晩酌してご飯食べたりするんだけれど、佐々木さんと二、三人で、村上さんとかみんなでね、話したり、食事しながら話しあったり、こうしたらいいんじゃないか、こうなんだとかってね」

仕事を終えて共同住居に帰り、そこにいたものがなにくれとなくことばをかわす。朝は朝で、昼は昼で、そのときどきにひとつ屋根の下で暮らす人びとが顔をあわせ、飯を食いながら、ときには酒を飲みながら話をする。いさかいやもめごとがあっても、入退院をくり返していても、みんなそれがどういうことかわかっている仲間同士だ。仲間だからこそわかりあえることがあり、仲間でなければわからないことがある。ともに暮らし、顔をあわせ、寄り集まって話をしながら早坂さんがまわりとの関係を回復していったとき、相手をしていた佐々木さんや村上さんもまたおなじように回復していったことだろう。

そうした回復の場はしかし、精神障害をかかえる当事者だけでできることではなかった。彼らを支援する向谷地さんや川村先生や、そのときどきにかかわったさまざまな人びとがいてはじめて可能になったことでもある。その支援の輪のなかに、揺籃期のべてるの精神的支柱となった浦河教会の宮島利光牧師夫妻の姿があった。

それまで和歌山の教会にいた宮島牧師が、美智子夫人ら家族とともに浦河にやってきたのは一九八〇年八月のことである。はじめての土地とはいえ、もともと北海道出身の宮島さんたちにとって浦河は赴任の話を聞いたときから身近な思いがする場所だった。一九八〇年といえば、となりの旧教会堂に佐々木さんが住みついた年でもある。

「話を聞くとね、（浦河には）何年も牧師がいないという。そういうところから牧師に来てほしいといわれると、弱いんですよね。なんか燃えるものがあって……。都会の大きな教会から話があってもところが動かなかったと思うけれど、もともと農村（の出身）だから。都会の教会にくらべると経済的にはたいへんですけれどね」

和歌山にいたころは被差別部落の問題にも取りくんでいたといい、やわらかな話し方のうちにまっすぐなものを感じさせる宮島牧師は、濃いひげと眉とずんぐりとした身体ぜんたいから、いかにも土を耕すものといった風貌を漂わせている。夫人の美智子さんは肝っ玉母さんともいわれ、おおらかで気さくな笑顔をたやさない人だが、草木染めに深い人生の風合いを織りこむ技をもっている。

夫妻それぞれが旭川の北にある士別と名寄という、日本でもっとも寒い地方の開拓農家の生まれだった。青年時代にはトラクターも補助金もなく、あるのは農業への情熱だけで凍りついた土地を馬と鍬で掘り返す辛酸をなめている。牧師になる前もなった後も、宮島さんたちは貧乏から解放されることはなかったが、それを気に病むような人たちでもなかった。だれも手をあげようとしない浦河に、あえていってみようと思ったくらいである。

「牧師がいないってことはたいへんなことですね。すごく歓迎されましてね。それまで浦河では、教会で礼拝っていうのやりますけれど、もうどこかほか（の教会）で話をした牧師のテープを聴いていたりね、そんなような形で。あとはそこにいる信徒たちが牧師の代わりをしていたっていうか」

いつまでたっても牧師がこない浦河教会では、数人の信徒が集まって灯をともし、聖書を読むほそぼそとした集いを何年もつづけていたという。

その信徒のなかに、向谷地生良さんがまじっていた。

「彼はね、それまでひとりでやりたいことがいっぱいあったらしいけど、結局教会にだれもいないし、自分ひとりってことでできなかった。僕らがきてようやく教会に人を連れてこれるっていう感じで、すごくよろこんでましたね」

牧師が赴任するとともに、教会にはとなりの旧教会堂に住んでいた佐々木さんたちが出入りするようになった。アルコール依存症の患者の断酒会も開かれるようになり、週末になるとまちかねたように向谷地さんが町のあちこちから小さな子どもたちをたくさんつれてくるようになった。ほとんどがアルコールで崩壊しかけた家庭の子どもたちである。牧師夫人の美智子さんは赴任早々、小さい子どもたちの世話で「てんやわんやの騒ぎ」だった。

「向谷地さんがそれこそゾロゾロと、もうたいへんでした、はい。朝早くからほとんど一日おりましたね、子どもたち。帰りたがらないんですよ、家に。大きな子どもは中学生もおりましたけれど、なんていうのかな、教会くるのがいちばん楽しいっていってましたね。小さい子なんか、五、六歳にもなるのにお漏らししてたいへんだった、ちょっと障害のある子もいて」

子どもたちにとって教会は週に一日だけ、飲んだくれの親から逃がれることのできる安息の場所だった。その子どもたちが多いときには二十人も、向谷地さんがなけなしの給料で買った九人乗りのバンに乗ってやってくる。ほとんど朝ご飯も食べていなかったから、美智子さんはまずご飯を炊き、芋をふかし、ありあわせのおかずでお腹のへった子どもたちを食べさせなければならなかった。

やがて教会にはアルコール依存症の患者やその家族も出入りするようになって、美智子さんはそれまで縁のなかったアルコール問題のまんなかに放り出されてしまう。

「いや、あたしたちも知らないことがほんとに多くて。だから病院のアルコール中毒家族会っていうのに勉強にいったり、それから向谷地さんと夜の二時ごろまでよく話しあったね」

そういわれて、当時を思い出しながらうなずく宮島牧師は、浦河という町でことさら深刻だったアルコールの問題は、この地域に多いアイヌの人びとの問題を抜きにしては語れないことを知っていた。飲んで倒れて救急車に運ばれていくのは、しばしばアイヌの人びとだったのである。

「結局、差別で仕事がないっていうのもあるでしょうし、アルコールの問題ってやっぱり差別と関係ありますよ……ほかの教会の人からは、アイヌの人たちとはあまり深いかかわりをもたない方がいい、なんであんな人たちのためにそこまでやるのとかいわれましたからね、たしかに」

けれど宮島牧師はむしろ「あんな人たち」とのかかわりを深めていった。それにアルコールはアイヌだけの問題でもなかった。教会では断酒会が開かれるようになり、美智子さんもその手伝いをするようになる。

「精神的な病気の人たちにたいしては、あたしはまあ病気だからと思えたんですけれども、アルコール中毒っていうのにたいしては、あたしの頭のなかではしばらくやっぱり（意思が）弱いっていうかな、アルコールに負けてしまう、そのことのためでないかなあって思ってたんですけど。それが勉強しているうちにやっぱり病気だっていうふうに教えられて……。そのうちに、ま、何人かの家族の人たちが自殺したりとか、いろんなことがありましたけれど」

教会は、精神病の患者やアルコール依存症の患者、崩壊家庭の子どもたちがおし寄せてくるようになり、その子どもたちを追ってアル中の父親が怒鳴りこむこともたびたびだった。静かでつつましかった教会は、いつしか異様な人びとが集まる喧騒の場となっていた。けれど宮島牧師は、そうして集まる人びとをけっして遠ざけようとはしなかった。

「教会に人が集まるってのはね、毎日がおまつりのようで、ワッハッハ。楽しかったですよ。だから本来、それが教会の本来の姿かなあって感じで、そういう出会い、大きな出会いでしたね」

本来の教会と、本来の牧師だった。

とはいえ、裕福な教会員を欠いて経済基盤は苦しくなる一方である。牧師は礼拝堂のなかにとどまってはいられない。夫妻で仕事を探し、昆布干しの賃労働に出かけるようになった。

「もともと僕ら農業して、農民ですから。貧しい農村の生活とかって、それが根っこにあるもんですから、なんていうのかな、いわゆるふつうの牧師みたいんじゃなくて」

朝四時におきて浜で昆布を干し、分裂病やアル中患者の面倒を見ながら勉強会を開き礼拝を行い、断酒会を支え、子どもたちを引き受ける。怒鳴りこむアル中のお父さんをなだめ、ときにはナイフを突きつけられ、町中で騒いだりつぶれたりする「信者」の面倒を見る。警察沙汰はしょっちゅうだった。隣近所に迷惑がかかれば、謝って歩くのは牧師や美智子さんの役目である。夜になればさまよえる人びとからのながながとした相談電話がかかり、二時三時まで起こされることはあたりまえだった。

それはもう、最も重要な日曜日の礼拝すら体をなさない「崩壊教会」だった。

出席者は立ったりすわったりぶつぶつ言ったり、てんでんばらばらの人びとがおよそ牧師の説教を聴いているようには見えない。早坂さんはとなりが女の人だとそっちを向いてすわっている。すわっていればまだいいほうで、礼拝の最中でもトイレだタバコだといって外に出てしまう。たまりかねて牧師が「出ていくなーっ！」と叫んだこともあったが、それを聞くような人びとでもなかった。すわっていろと抑えつければ病気が出てきてしまう。

「とにかく終わるまで忍耐で……だからふつうの教会の礼拝のような静まっている感じじゃなくてね、まったく」

礼拝中、宮島牧師が見わたせば、おとなしくすわっているのは最前列の向谷地さんと最後列の牧師夫人くらいのものだった。ところがよく見ればその二人も、疲れ果てて眠りこけている。いったいこれでも教会の礼拝なのか。それは「教会が問われた」場面だったと、向谷地さんはいう。

「静かでつつましく、巷の雑言とは無関係であった教会が一転して『悩む教会』へと変えられたのでした。それは従来私が出会ってきた善男善女が集う禁欲的な潔癖さにみちた教会でもなく、自由闊達で交わりの厚い教会でもなく、人間が弱さをきずなにして出会い、ともに生きようとする群れとしての教会をそこに見たのでした。教会とはなにかという根源を問うているようでした」

古くからの教会員のなかには「これは自分たちの教会ではない」といって去っていく人も多かった。しかし、だからこそ「これが教会なんだ」と考える人もいた。教会がたくさんの悩みをかかえたとき、

「ああ、教会らしくなったな」と考えたのが向谷地さんであり、宮島牧師だった。教会員の六割は生活保護や障害年金で暮らす人びととなり、「障害者とともにある教会」はいつのまにか「健常者とともにある教会」へと姿を変えていた。

神を求め、道を求めるというよりは、礼拝の後のお茶とわずかなお菓子を求めてやってくる人びと。そのひとときだけでもみんなといっしょにいたいと思ってやってくる、ほかに行き場のない、幾重にも見捨てられた人びと。

「僕、浦河にいってそういう人たちに出会って、ぴったりといったんだと思いますよ、自分の生き方とかと。だから、すばらしい出会いをしたなあと。そりゃ、意図していったわけじゃないけれども。浦河いって、ああ、こんなさびしいとこに来たのかなあと最初思っていたけれど、それでそういう出会いがあって、すごく、これはやっぱり牧師の仕事だなって」

そう思える宮島牧師がふつうの牧師でなかったとすれば、美智子さんもふつうの牧師夫人ではなかった。

「ふつうの教会って、それこそあの、なんていうか荘厳でなければならないみたいな、そういうあれがあって……でもここでは、そういうふうな教会っていうイメージはあたしたち、あまりもっていなかった。そういう意味ではあたしもキリスト教で救われたひとりですから、なんていうのかな、りっぱな教会堂でおごそかな礼拝しなきゃっていう、そういうものはあたしたちには一切なかったんで……。結局、おごそかな礼拝とか、そういうのを期待してくる人たちはみんな去っていきましたね。でも、だれもいなくなってもいいと思った、あたし、そんときは。うん」

残されたのは、どこにも去ることのできない人びとだった。

アルコールに倒れ、家庭をこわされ、あるいは精神病によってこの社会からふり落とされ、自らの弱さによってとり残された人たち。そんな人たちが弱さを絆に群れ集う、苦労と悩みの多い教会だったが、それこそが教会なのだという思いはいまも美智子さんのなかで変わらない。たいへんなことばかりだったというのに、いまはみんなでいろいろなことをした楽しい記憶だけが残っているのはなぜだろう。貧乏をきわめた日々だったというのに、あのころは「ほんとに豊かでしたよねえ」と思い返す美智子さんは、あの浦河に、そしてあの人びとのところに、機会があったらもう一度もどりたいと切に願っている。

「魚もおいしかったし、山菜はもうほんとにどこいってもあったし。あたし、将来はべてるの住人にさせてもらうからっていってる。アッハッハ、いいでしょう?」

べてるの家は、宮島牧師と美智子さんがいなければ今日の姿はなかったかもしれない。それほどに二人の存在は大きかった。一九八〇年からの八年間、ちょうどべてるの家がその原型をあらわそうとしていたとき、二人が浦河の町にいたのはまさに出会いというものだった。

もちろん宮島さんたちがいなくても、べてるの家は遅かれ早かれ当事者である佐々木さんや早坂さんたちの苦労のすえに生み出されたかもしれない。紆余曲折はあっても結局は今日の姿に至ったと考えることもできる。けれど創成期のいちばんたいへんな時期に宮島牧師夫妻がいたということ、そして教会がそれまでとはまったくちがった姿に変えられ、だれもが出入りすることのできる場所になっていったということが、べてるの人びとにとってどれほど助けになったことか。教会は、彼らがいることのできる物理的な場であるとともに、彼らに「ここにいてもいいのだ」というメッセージを送りつづけるやすらぎの場になっていた。

つけ加えておくべきだろうが、それは必ずしも教会やキリスト教という枠組みがなければ実現できなかったということではない。べてると教会の出会いは、むしろ偶然の一致と考えていいのかもしれない。もちろん宮島牧師夫妻はキリスト者であり神に従う人びとだが、浦河で二人がしたことは、私の貧しい知識のなかに位置づけられている従来の教会やキリスト教のしくみからあらわれ出たものとは思えなかった。門外漢の誤解にみちた言い方かもしれないが、宮島牧師と美智子さんは、「教会」よりも「キリスト教」よりも、なによりもまず目の前の弱きものたちに目を注ぎ、ともに悩み、迷い、苦労しながらそこにたたずんでいたと思えるのである。そしてそれこそがキリストの教えだと信じたのではなかったか。はじめから彼らを導こうとし、またそれまでの教会を守ろうとしたならば、おそらくそこに来る彼ら精神病者やアルコール依存症の人びとはこれほどのやすらぎのメッセージを受け取ることはなかっただろう。礼拝後のささやかなお茶を楽しむこともなく、教会にとどまることもなく、そもそも宮島さんたちとの「ぶつかりあいと出会い」もなかったろう。

そうした人びとのかかわり方を見てきたとき、べてるの家には、あるいはべてるの家がそこからはじまった人間のかかわりのなかには、はじめから変わることなくひとつの視点が貫かれていたように思える。それは、既成の概念によらず、形式にたよらず、世間体にこだわることなく、そこにいる人間そのものを見ようとする視点ではなかったろうか。人間と、その人間がかかえている問題、悩み、生きづらさ。あるいは人間存在そのもの。アルコールや精神病、〝崩壊教会〟の現実から浮きあがってくるそうしたテーマを、自分たちは避けることができない、そこからどうあっても逃げることはできないと見すえる覚悟あるいは諦念ともいうべきものが、そこにははじめから設定されていたかのようだ。しかもその上で、そうした課題にどう向きあえばいいかを自分自身に引き受けて考えようとする視点が、そこにかかわる人びとのあいだには備わっていたように思えるのである。そうであればこそ、日々の暮らしを規則でしばるのではなく、暴れる患者を閉じこめるのではなく、教会におごそかさを求めるのではなく、そうしたとりあえずの手立てよりさらに掘り下げたところで、人間の暮らしと生き方を考えようとする発想が生み出されたにちがいない。そしてそうした流れの先に、べてるの家はその姿をあらわすのである。

そのままでいい

宮島牧師が赴任してから、佐々木實さんと早坂潔さんは牧師夫人の美智子さんに弁当を作ってもらい、働きに行くようになった。そして仕事から帰ってくれば夕食をともにし、美智子さんはいつしか「宮島かあさん」とよばれるようになった。

「佐々木さんは職安の訓練校ですか、それ、もうすごい成績で。職安でもびっくりするくらいだったんですよ、それでがんばってやってたんですけれど」

宮島かあさんから見れば、退院後の佐々木さんは共同住居でつつましく暮らし、これといった問題を起こすこともなく、社会復帰に励む精神障害者のモデルケースのような存在だった。

けれどそのがんばりが、時限爆弾だった。

もっとがんばろう、がんばってまともな暮らしをしようと思いつづけて働き、そしてこれだけ働けるようになったのだからもういいだろうと、薬をやめることにしたのである。退院してから五年目だった。医者は「様子をみながらにしよう」と提案したが、佐々木さんは自ら考えを固め、薬を飲むのをやめてしまった。横で見ていた美智子さんは、いち早く変調に気がついた。

「ちょうどね、結婚の話もちょっともちあがってたんですよ。私によくね、やっぱり薬飲んでて結婚するってのはよくないよねっていうふうな相談はされてたんですよ。私、だから、いやあそれでもね、薬飲んでたって結婚してる人いっぱいいるしって。そうはいってたんですけど、佐々木さんの気持ちのなかでは、やっぱり薬はよくないと思ってたんでしょうね、きっと」

誠実人間の佐々木さんは、さらに誠実であろうとして薬をやめてしまった。当然のように病気の症状が出てくる。

「だんだん禁断症状みたいのがでてきて、苦しいんだよねって、そういう相談もされてたんですけれども。そのうちにとうとうおかしくなって私のところにきて、『僕、ハワイいって来るから』って」

荷物をまとめ、旅の用意をはじめてしまった。パスポートを取りにいくといって警察に押しかけ、押し問答のすえに結局警察からハワイではなく日赤の精神科に送られてしまった。最初の再入院である。もちろん結婚話も立ち消えてしまった。

精神医療の世界では、一般に病気の再発・再入院はできるだけ避けるべきこととされている。病気が再発しないよう厳重に薬の管理をし、きちんと外来に通い、ストレスのない生活を送るようにと、患者ははれもののように扱われがちだ。けれどべてるではそのようなことはしない。薬を飲むか飲まないか、どこまでがんばるか、それはすべて本人が決め、選びとることなのだ。その結果再発してもそれは当然おきることであり、予想されたことなのだからという意味をこめ「順調です」といわれてしまう。どんなに症状が悪化して再入院しても非難されるということはなく、本人が悩み、考えたすえに通りぬけてくることは「すべて順調」なのである。それは病気についてのべられていることではない。人間としての苦労の重ね方についていわれることなのだ。だから、再入院をくり返し順調に苦労を重ねてくると、べてるではむしろ「顔つきがよくなる」と積極的に評価されている。

とはいえ、佐々木さんがはじめて再入院したころはそうした考え方が定着していたわけではなかった。川村先生も向谷地さんも、分裂病やアルコール依存症のたくさんの患者と向きあうなかで、根底にはきわめて斬新な考えをいだきながら、一人ひとりの患者については試行錯誤を重ねていた時期だった。これでいいのだろうかという思いもどこかにあったにちがいない。佐々木さんの再発も、少なくともそばで見ていた宮島美智子さんにしてみればハラハラすることばかりで、浦河で経験したことのうち深く印象に残っていることのひとつだった。

それでも、佐々木さんは手がかからない方だった。ほんとうにふりまわされたのは早坂潔さんの方である。

「病院から来たときはあんまりしゃべらない、しゃべってもとつとつとした感じで、ああやっぱり精神科から来た人だなあって感じでしたね。ぼおーっとしてて」

はじめて教会に来てコーヒーを飲むとき、砂糖を大きなスプーンで六杯も入れていたことをよく覚えている。青白い顔をした、いかにも長期入院を終えたばかりという若者はどこかアンバランスなところがあって、共同住居で暮らすようになってもちょっとしたことでパニックを起こしていた。そもそも病院以外の場所で暮らしていく最低限の知識と力が備わっていない。そんな若者をどうしたらいいか、宮島美智子さんはしばらく考えあぐねていた。

「とにかく早坂君は最初、サンドイッチ食べさせても、なかに入っているレタス、少ししか入っていないんですけれども、それをピーってこっち側にのけて食べる人だったんですね。ほとんど野菜食べない。それをみて、ああこれは畑作った方がいいなあって思って」

みんなで野菜を作ることにした。

道路をはさんで教会の向かい側には、ちょうど畑にできるわずかな広さの土地がある。日当たりのいい斜面で見晴らしもよく、浦河港が一望のもとに見渡せた。美智子さんはそこに小さな子どもの手を引くように早坂さんをつれてゆき、ともに土を耕し、野菜を植えた。

「イタドリがどんどん生えてて、そこを開墾して掘って、二畝くらい作って。ジャガイモ、トウモロコシ、トマトとか……いっしょに作ったんですよね、堆肥をもらって入れて。佐々木さんもよくやってくれました。そしたらこんどは早坂君、『作ったレタスはうまいなあー』って、食べるようになって。だからいまほとんどの野菜食べるんですよ」

山菜取りにもよくつれていった。さびしがりやの早坂さんは美智子さんのあとを「かならず、もう金魚のふんみたいに」ついてくるのだった。夏になると教会のレクリエーションにもついていった。

「あの人ほんとにね、さびしがりやっていうか、こわがりっていうか。だから子どものキャンプにいって、向谷地さんが〝肝試し〟するのが大好きで、自分たちは先に行って、なにか驚かすのをするんですよ。そういうのが向谷地さんは大好きなんです。みんなつぎつぎ行こうっていって。もう早坂君、あたしから離れないんです。いくと真っ暗なところ歩くわけでしょ、するともうね、手つないでいくんですよ。しょうがないって思って歩いていったら、向谷地さんが、こわい、ひゅるひゅるってする火の玉のようなの、ひゃっと出すんですよ。そしたらもう早坂君なんかびゃーって飛びさがって、ほんとにもうがくがくふるえるんですよね。それがおもしろくておもしろくて……。あたし、もう手ちぎれるかと思うほどしっかり握られて」

ほとんど母親と息子の関係だった。そんな暮らしをともにするなかで美智子さんはいつしか、いかつい顔と身体つきのこの若者が、ガラスのように繊細でこわれやすいこころをもっていることに気づいていた。

そのころの早坂さんはいろいろな形での「社会復帰」を試みている。まずやってみたのが製材工場や建築現場でのアルバイトだった。一時間でも二時間でも、とにかく働いてみようというわけだ。けれどなかなかつづかなかった。早坂さんはとても人なみに働くということができなかったのである。それは彼らの多くがかかえている悩みでもある。精神障害者はほとんどの場合、五体満足に見えていながら一日八時間はおろか一時間働くこともむずかしい。周囲の人びとは、そしてときには本人たちですら、働けないのはなまけているからだとか根性がないせいだと思ってしまう。けれどそれは病気なのだ。それこそが、この病気のきびしさなのである。どんなに本人が働きたくても、病気が働かせようとはしてくれない。

早坂さんはそうした精神障害者のなかでもとくに仕事がつづかないタイプだった。何度か失敗をくり返した後で、宮島かあさんは向谷地さんに相談した。

「きつい仕事はできなくても、手作業だったらできるかもしれない。どこかにそういう仕事はないだろうか」

そして見つけてきたのが昆布の仕事だった。日高地方特産の昆布を業者から引き受け、袋詰めにして出荷する内職である。根気のいる作業だが、一袋詰めて五円の手間賃をもらうことができた。これなら早坂さんにもできるだろうと思ってはじめたが、どっこい思惑どおりにはいかなかった。

「昆布、袋に入れるのに、バリバリですから、ちょっとだけ霧ふけばいいのにびしょびしょにしてしまったり……。なにしろまず秤で計るってことができなかったですから」

基本的な手順が守れない。計算もできない。そのうえ作業に集中するということができない。作業場にきても、早坂さんがすわっている時間は三分間だった。

「私、メガトン爆弾っていわれたこともあるんです。はじめのうちはよく怒ってました。早坂君に、昆布、いつものようにやっておいてねっていっておいても、いいよーっていってやってるんですが、だんだん昆布がたまってくんですよ。玄関に昆布がたまっていくのを見ると気が気じゃなくて」

思わず爆弾を落としてしまう。

けれど怒られてもせかされても、いや、怒られれば怒られるほど早坂さんの作業は進まなかった。進まないどころか、無理をすると「ひっくり返って」しまう。納期が迫ると、昆布の内職は結局いつも宮島美智子さんひとりが夜なべして仕上げなければならなかった。

「具合が悪いと昆布がどんどんたまってきて、そうしたら、早坂君、もうどうしよう、どうしようって思うんですね。それで身体が動かなくなってしまう、ひっくり返っちゃうんだっていうんですよ。なーんだ、そんなことなのかって。それまではほんとにわかっていなかったですね」

試行錯誤をくり返しながら、少しずつ見えてくるものがある。

そのひとつは早坂さんの「弱さ」だった。ストレスに弱い。せっぱ詰まった状況におかれるとこわれてしまう。かんたんにパニックにおちいってしまう。けれど逆にいえばそれは彼がどれほど正直に生きているかという証しでもあった。自分にはできないということを、ことばにできなくても、身体があらわしている。どんなに取りつくろっても病気は正直だった。

そのような病気の現実を、健常者の側から見るのではなく、病人の側から、早坂さんの側から見ようとする視点が、べてるの人びとにははじめから備わっていたように思える。

早坂さんの弱さに爆弾が落ちることもあった。けれど宮島かあさんは、一時のつきあいではなく、なにもかもひっくるめていっしょに暮らすなかからその弱さを受け入れるようになった。それはけっして敗北ではない。むしろあらたなべてる流の生き方を考えるきっかけでもあった。向谷地さんはこういっている。

「早坂さんが三分しかもたないんだったら、だれかその三分を補う仲間を探そう、そしてひとりの仲間が与えられました。でもやっぱり仕事をこなすのはむずかしい。そしたらその彼の不足を補う仲間をふやそう、そうしてひとりが二人になり、二人が三人になり、下請けの仕事がどんどん広がっていきました」

結果としてみれば、早坂さんが三分しか働けないことによってほかの仲間が作業に参加するようになった。あいかわらず宮島美智子さんの仕事は減らなかったが、作業場となったべてるの家にはしだいに昆布を囲む仕事の輪のようなものができていった。べてる作業所の原型である。早坂さんはそこで自分の弱さを非難されるのではなく、その弱さによって「三人分の仕事を生み出した」功労者として認められるのだった。それはいまふうにいえばワークシェアリングだろうが、ワークシェアリングと決定的にちがうのは、みんなが仕事を分けあうのではなく、できる人が仕事をする、つまりできない人はしなくてもいいという明白な不平等が貫徹されていることだ。その不平等を担保しているのが彼らメンバーの生き方の正直さであり、病気なのである。

昆布作業のはじまりは、一袋五円のほそぼそとした内職だった。古い朽ち果てそうな共同住居の居間で黙々と袋詰めをする五人のメンバーは、しばらく働いては倒れ、ひっくり返ってはまたおき上がるというあんばいで、およそ仕事の体をなさない能率の悪い作業をつづけていた。それはまたべてるでも「社会復帰」ということばがいくばくかの真実として語られていた時期でもあったろう。いまのべてるには、いわゆる社会復帰や社会参加に懐疑的なまなざしがあるが、昆布作業がはじまったばかりの一九八三年ごろには、べてるでもまだまだそうしたことを目指し、試みていたふしがうかがえるのである。

佐々木社長が板金工場に働きにいっていたことがそうだった。病院からきたといって冷遇されながらも耐えて働いたのは、社会復帰を果たさなければと思ったからだろう。無理をおして早坂さんが建設現場のアルバイトにいったのも、人並みに働きたいと思ってのことだ。宮島美智子さんが仕事の遅い早坂さんに爆弾を落としたのも、がんばろうねという暖かい励ましだったはずだ。もっと働けるようになって、社会復帰を果たさなければ、あるいは社会参加しなければと。

けれど世間一般の唱える社会復帰、社会参加はどこかおかしいのではないかという考えがべてるに生まれたのはいつごろからだったのだろうか。それはあるとき、佐々木さんがふともらしたひとことだったかもしれない。

「精神障害者の自立といわれたときに、なぜ、障害者だけが自立をといわれるんだろう」

佐々木さんがいつ、どこでこのひとことをもらしたかは、本人もふくめてだれも覚えていない。たぶん八〇年代なかばのことだった。けれど川村先生にとって、これは深くこころに残るひとことだった。

「いわゆる精神障害者の社会復帰ということばをわれわれはよく使ってきましたし、それにたいしてそれほど疑問もいだいてきませんでした。しかし、なぜ精神障害者だけが社会復帰なんだろうか……障害者はほんとうにそんなことのために生まれてきたんだろうかと。あるいは私たちの役目も、ただ障害者の障害性にだけ目を向けて、それがいい悪いというような次元のことをやっていくということがわれわれの役目なんだろうかと。そこにひじょうに疑問をもちまして」

障害者の社会復帰ではなく、みんなの社会復帰こそがテーマなのだと思い至る。みんなの社会復帰とは、つまり復帰すべき社会はなんなのかという問いかけでもある。浦河という町についていうならば、過疎で仕事もなくだれもが日々の暮らしに苦労している。若者の多くは町をあとにするではないか。はたしてそんな町に復帰することが幸せなのだろうか。この町じたいが〝社会復帰〟しなければならないのではないか。そのことをよく考えてみようというのが佐々木さんのひとことだった。

社会復帰という問題に別の角度から疑問をもつようになった向谷地さんは『べてるの家の本』のなかでこう書いている。

精神障害者問題の最大の不幸は、精神障害者に限り社会は彼らを社会の一員として受け入れ、その苦しさと声を聞くことを拒んできたことにあります。……何よりも病を経験した者の悩みこそ大切だと思うのです。彼らこそ運動の主役なのです。しかし、数ある作業所設立の運動の中に彼らの顔を見出すことは少ないのです。彼らはいつも「自立」と「社会復帰」という十字架を負わされ、訓練に精を出す脇役と見なされるのです。

この一文が書かれた一九九一年といまとでは状況はずいぶんちがっているかもしれない。しかし精神障害者はいまだに共同住居や作業所で「主役」になっていないことが多いのではないだろうか。自立や社会復帰は、ほとんどがいわゆる健常者が唱え、計画し、進めてきたことではなかったろうか。その健常者は親であり医者でありソーシャルワーカーであり、役人や地域の人びとであったかもしれない。けれど彼らの唱える社会復帰や自立は、つねに健常者を基準にしている。少しでも健常者に近づくこと、病気を治すこと、幻覚や妄想を取り去ること、立派な人間になって一人前に働くこと、そのようなことがイメージされている。そうしたことのすべては、「病気であってはいけない」「いまのままのお前ではいけない」というメッセージをあくことなく発信しつづけているのではないか。ところが、治せ、なくせといわれているその病気はほかならぬ精神病なのだ。風邪や胃炎とちがってかんたんに治せるような病気ではない。多くの人が一生をこの病気とともに過ごさなければならないのだとすれば、病気を治せ、健常者になれといわれつづけることは、すなわちその人が一生「いまのあなたであってはいけない」といわれつづけることになる。そうではなく、病気があろうがなかろうが「そのままでいい」という生き方があるのではないか。

べてるの人びとがはじめからそのようなことを考えていたわけではないだろうが、その生き方、暮らし方からは「そのままでいい」というメッセージがつねに発信されている。それは理屈で考えた結果ではなく、みんながともに暮らし、悩み、苦労しながら試行錯誤を重ねるなかで積みあげた結果だった。べてる草創のころ、向谷地さんは各地の作業所を見学し、社会復帰のあり方を模索したという。けれどそこで必ずしも精神障害者が主役になっていない矛盾に突き当たる。日赤病院の川村先生は一生懸命治療に励み、「治せる医者」を目指していた。けれど自分のやっていることに納得できず、やがて医療の枠内でものごとを考えることの貧しさに行きあたる。宮島美智子さんはなんとか早坂さんに仕事をさせようとするがことごとく失敗し、早坂さんの「弱さ」にこの病気というものを納得する。そしてだれよりも早坂さんや佐々木さん、またそのころべてるの家にやってきた多くのメンバー自身が、自立と社会復帰、健常者をめざすことの困難さ、不毛さを身をもって体得していったはずだ。それはなにもことさら病気をふりかざすという意味ではない。病気でありながらも、それでもなおどう生きるかと自らに問いつづけることだったのである。その問いかけがまだ輪郭をあらわさないころから、べてるでは管理ということを拒み、自らのこころを語ろうとし、そのままの自分を受け入れ、問題があれば人間どうしのぶつかりあいによって解決していこうという試みを日々くり返してきた。そして当然のことながら、試みとほとんどおなじ数の失敗をくり返してきたのである。

ケンちゃんの電話

べてるの家に、べてるの家という名前がついたのは、佐々木實さんがメンバーとして住みついてから四年後の一九八四年のことだった。この年の冬に台所とトイレが使えなくなり、共同住居は一時取りこわしの危機に瀕するが、教会が集めた百十二万円の募金でどうにか改修され生きのびることができた。このとき、それまでたんに旧会堂とよばれていたこの建物になにか名前をつけようということになり、みんなで選んだのが宮島牧師の提案した「べてる」という名前だった。べてるとは旧約聖書に出てくる地名で、神の家という意味である。

名前のつけられた共同住居には、ひきつづき佐々木實、綿貫晴朗、早坂潔の三名が暮らすことになった。いまではメンバーの数も百名前後、共同住居も町内の十数ヵ所に散在するようになったべてるも、このころはわずか数人がたった一棟の共同住居に暮らし、そこが作業所を兼ねるというほんとうに細々としたものだった。

記録を見ると、べてるの家が実質的にその歩みをはじめた一九七九年からの十年は、いくつかの例外的な「奇蹟」や成果はあったものの、苦労や悩みやトラブルのほうが圧倒的に多かったことがわかる。いいかえれば、最初の十年、べてるは離陸することができなかった。地面の下で黙々と土を食むミミズの集団だったのである。それは沈黙の十年とよんでもいいだろう。べてるのメンバーは一人ひとりが十分な力をつけていたわけではなく、十分な数のメンバーがいたわけでもない。わずか数人の居住者が財政的な基盤も社会的な認知度もゼロに等しいままに、不安定な共同生活やささやかな内職作業をはじめたばかりだった。べてるとともに歩もうとした人びとについてみても、肝心の川村先生は八四年から四年間札幌勤務で不在であり、向谷地さんはその革新的な手法が異端視されて病院との関係を損なった時期が長く、悩める教会の宮島牧師夫妻は双肩にありあまる重荷を負って呻吟していた。その総体がべてるだとすれば、べてるは低空飛行どころか泥沼のなかを這うような日々を送っていたといえる。そうした苦労のなかで、メンバーはしばしば途方にくれ、さしもの向谷地さんも「日赤をやめたい」と真剣に考えていた時期があった。

どん底のべてるに追い打ちをかけるかのように、沈黙の十年の最後の年、べてるには二つのできごとが起こり存亡の危機に瀕する。

最初のできごとは宮島牧師の離任だった。一九八八年五月、牧師は夫人とともに、それまで八年間滞在した浦河を離れて滝川市の二の坂教会に転任していった。代わりの牧師がやってきたが、それまでべてるの家をわが家のように見守り世話をしてきた宮島牧師と美智子さんの離任はメンバーの間に大きな動揺をもたらした。案の定、早坂さんら二人が病気の再発で入院する。佐々木さんはそのしばらく前から仕事をえて山奥のアユの養殖場に出かけていったから、宮島牧師が去ったあとのべてるの家にはほとんど人影がなくなってしまった。共同住居はまた、近所の子どもたちがその前を走りぬけてゆく幽霊屋敷にもどってしまった。

それでも、年末まではさびれていたべてるの家にひとりふたりと住人がもどり、新しい住人も入ってきた。そうして立ち直りかけたべてるの家に致命傷を与えるかのようにおきたのが二つ目の事件である。べてるのその後の十年を決めることになった「昆布内職打ち切り事件」だ。

事件の主役は石井健さんことケンちゃんである。そろそろ寒さが厳しくなってきた十一月のある朝、いつものように昆布作業にやってきたケンちゃんは元請けの工場に一本の電話を入れた。

「あのー、けさ、まだ昆布が来てないんだけど」

ケンちゃんは工場に問い合わせをしたつもりだった。

「え、なんですか」

工場側は電話の意味がわからなかった。

「昆布、いつになったら来るのかって」

工場から来る昆布はいつも遅れ気味だった。内職に集まったメンバーは待ちぼうけをくわされる。その日も、九時に来るはずの昆布が十一時になってもまだ来なかった。いったいいつ、原料の昆布が来るんですかとケンちゃんは工場の責任者にたずねたたつもりだった。ところが先方はケンちゃんのいっていることがよくわからない。

「なに、なんですか。よく聞こえないんだけど」

「あのー、昆布、いつになったら来るの」

いったい何度いえばいいんだと、多分その程度のことをいったのだろうが、相手にはそのとおりに聞こえなかった。無理もない。もともとぶっきらぼうなケンちゃんが薬を飲んで、しかも電話で話しているから、いっていることがわかりにくいのである。あー、こーぶーいーーかー、くらいに聞こえたのだろう。

「なにいってるかわからんだろう。朝から酔っぱらって電話するんじゃない」

「なにー、なんだとー」

あとは怒鳴りあいのけんかである。

そしてまもなく工場から一台のトラックが乗りつけ、べてるに委託していた昆布と作業道具のいっさいがっさいを引き上げてしまった。内職打ち切りである。作業に集まったメンバーは茫然自失だった。

「こまった、どうしよう」

「もう仕事をやらないといっている」

向谷地さんや佐々木さんがでかけていって、あれは酔っぱらっていたんじゃなくそういう病気なんですといくら説明しても相手はおさまらなかった。おたくにはもう頼まないと本気で怒っている。丸五年つづいたべてるの仕事は、こうしてたった一本の電話で消えうせてしまった。向谷地さんは「やっとの思いで築き上げてきたものが、次第に崩れ去っていくような落胆」に襲われていた。なんでケンちゃんに電話させたといっても後の祭りである。

「このケンちゃんが、仕事こわしたの」

早坂さんはいまでもケンちゃんの顔を見ると、笑いながらいう。

「向こうの会社の人が来なくて、ケンカこいたのがケンちゃん。みんなぶちこわしたのがケンちゃん。下請けの仕事を作り出したのは早坂潔だけれど、作業所と会社、みんなで作ったんだけれど、はじめの出だしは僕がやって、こわしたのがケンちゃんなの」

昆布の内職がなくなり、それに代わる仕事もなかった。

だれもがため息をつきながら暗い年末を迎えようとしていたとき、すべてをぶちこわしたケンちゃんは〝A級戦犯〟だった。

けれど、これがべてるの転機となる。

先の見えない苦労がつづくなかで、いやもうそんな苦労を十年もつづけてきたところで、彼らは知らず知らずのうちにそれなりの力を身につけていた。泥沼のなかで、それでも萌え出ようとする芽が彼らのなかには生まれはじめていた。沈黙の十年の間、べてるの問題だらけの人たちは、ただ漫然と暮らしていたわけではない。ぶつかりあいと出会いをくり返しながら、そこにはいつしかゆるやかで不確かで気まぐれでありながら、肌身で感じることのできるひとつの「場」が作り出されていたのである。それはけっして強固な連帯に支えられた場でも、明晰な理念に支えられた場でもなかった。規則や取り決めや上下関係によって規定されたわざとらしい場でもなかった。ただ弱いものが弱さをきずなとして結びついた場だったのである。それはこの世のなかでもっとも力の弱い、富と地位と権力からいちばん遠く離れたところにいる人びとが作り出す、およそ世俗的な価値と力を欠いた人間どうしのつながりだった。

けれどそこでは、だれが決めたわけでもなく、またあざしたわけでもなく、はじめから変わることなく貫き通されてきたひとつの原則があった。それは、けっして「だれも排除しない」という原則である。落ちこぼれをつくらないという生き方である。そもそも彼らのなかでは排除ということばが意味をなさない。彼らはすでに幾重にも、幾たびもこの社会から排除され落ちこぼれてきた人びとだったのだから。おたがいにもうこれ以上落ちこぼれようがない人びとの集まりが、弱さをきずなにつながり、けっして排除することなくまた排除されることもない人間関係を生きてきたとき、そこにあらわれたのは無窮の平等性ともいえる人間関係だった。そのかぎりない平等性を実現した「けっして排除しない」という関係性こそが、べてるの場をつくり、べてるの力の源泉になっていた。その力が、昆布内職打ち切り事件のさなかで発揮されようとしていた。

商売しよう

べてるの有名なキャッチフレーズのひとつは「三度の飯よりミーティング」である。なにごとによらず、とにかくみんなで集まり話しあい、みんなが納得するまで話しあう。その伝統は早い時期からべてるの人びとのあいだに定着していた。昆布内職打ち切り事件のあと、早坂さんをはじめとする共同住居の住人、病院や地域からやってくる病気の仲間は、くり返し集まってはどうしよう、どうすればいいかと話しあった。

なにか仕事はないものか、倒れたり入院したりする仲間でもできることはないだろうか。メンバーは向谷地さんとともに、道内の各所にある精神障害者の作業所も見学にいった。そこでさまざまなことを学んだが、帰るとまた延々と話しあいをくり返すばかりだった。そうした話のどこで、いつ、だれがいい出したのだろうか。ひとつのアイデアがミーティングに集う人びとのこころのなかに輝きはじめていた。

「どうだ、商売しないか」

内職ではなく、自分たちで昆布を仕入れ、売ってみよう。

「そうだ、金もうけするべ！」

このひとことが、みんなの心を捉えていった。精神障害者であろうがなかろうが、金もうけと聞いて浮き立たないものはいない。人にいわれてするのではなく、内職なんかではなく、自分たちで働いて売って金もうけに挑戦してみよう。一袋五円の昆布詰めをいくらやっても仕事はきついし先は見えない。おなじ苦労をするなら、仕入れも販売も自分たちでやって商売した方がよほど納得できる。そうだ、やってみよう……。

けれど期待とともに不安もあった。ほんとうにそんなことができるんだろうか。精神障害者が商売するなんて聞いたことがない。目を輝かせながら、しかし自らの病気を見つめながら、みんなのこころは揺れていたと早坂さんはいう。

「だから、それまではねえ、やろうか、やるまいかって、もうミーティングばっかりしてたの」

そんなミーティングがつづいているうちに、だんだんみんなのアイデアは広がっていった。昆布だけが商売じゃない。ほかにもいろいろある。浦河でいちばん大きな舞台である日赤病院を相手に紙オムツや車イスが売れないか。清掃や廃棄物処理などの請け負い仕事もあるはずだ。けれど仕事を請け負うには会社として契約しなければならない。昆布の売買をするにも会社を作ったほうがやりやすい。「それならいっそ、会社を作ろうじゃないか」という声がメンバーのなかからあがってきた。そうだ、会社を作ればいい、すごいな、社長はだれがやるんだと、がぜん盛りあがったところでひとりの女性メンバーが水をさした。なにを冗談みたいなこといってんのよ。

「会社作るだなんて、あんたたちみたいなバカにそんなことできるわけがない」

このひとことがきっかけとなった。

「いや、俺らバカ者か、俺ら？」

早坂さんたちはバカといわれて逆に燃えあがった。そりゃあバカかもしれない。おかしいかもしれないが、そういわれて黙っているわけにはいかない。決めかねていたこころが一気に動いた。みんなが争うようにちゃぶ台の上に身を乗りだす。

「『そんなことというんだったら、やるべ！』っていうことになって、あの女にくってかかったのが俺なの。あの女が『会社なんか、できるわけないでしょ、あんたたちみたいな気ちがいに、できるわけない』っていったのが突破口だったの。だから、やろうといったのが俺。そっからはじまった会社なの」

向谷地さんはいまでもこのときのことを早坂さんと笑いながら話しあうことがある。

「それであのとき潔さん、あの女の人につかみかかろうとしてなかったか」

「つかんだ、つかんだわ」

「潔さんが、『なに貴様』って、襟首つかまんばかりにやったんだよね。あのときおばちゃんがあんなこといってなかったら、会社できなかったかもしれない」

「できなかった。できたとしても、どっかこっか、おかしくなってるな」

このときのミーティングの最後にひとりのメンバーがいった。自分たちは病気を経験し障害をかかえている。そういう自分たちだからこそできることがあるにちがいない。会社を作り昆布を売り、オムツの宅配とか介護用品とか、福祉の仕事に乗り出すことは自分たちがやれば意味がある。

「やったほうがいいと思うよ」

そのひとことで、早坂さんたちのこころは決まった。べてるの家の古い傷だらけの板の間にみんなの拍手がわきおこった。

形の上ではその年の暮れ、一九八八年十二月、べてるは小規模共同作業所「浦河べてる」を設立する。まず作業所を作って、とにかくみんなで商売をはじめようということになったのだ。そして商売の元手として佐々木實さんが虎の子の貯金のなかから十万円を出資した。その十万円で昆布を買い、加工する事業がはじまった。

商売は、単純な昆布の袋詰めからはじまった。みんなで昆布を切り分け、整えて袋詰めにする。「やわやわな紙」にクレヨンで描いた昆布の絵をホチキスでとめ、まったくの手仕事による素人細工の製品、昆布の袋詰めができあがった。はたしてこんなものが売れるだろうかと半信半疑ながらも、翌年の四月、試験販売のために札幌で開かれた教会の集まりに製品が運びこまれた。このとき販売員として早坂潔さんがついていったのが幸運のはじまりだったかもしれない。はじめての販売で不安と緊張におそわれた早坂さんは、その場で固まり倒れてしまったのである。そんな早坂さんを見て教会員の主婦たちが「それなら私たちがやりましょう」と力をあわせ、昆布をまたたくまにすべて売ってしまった。商売は大成功。六万円の売上金をもち帰った早坂さんは、いまでも自分の病気があったからこそ昆布が売れたのだと信じている。

商売をはじめるようになって、作業所にはいろいろな変化が見られるようになった。おなじ昆布を扱っていても、金もうけするのだという意気ごみは新製品の開発という形であらわれる。そのひとつが「だしパック」だった。作業所に残っていた雑昆布のきれはしを千切りにし、紙パックにつめたアイデア製品である。いわば廃物利用だったが、作ってみると手軽に昆布だしがとれるというので人気商品として売れるようになった。長い昆布を切った「三つ切り」や「四つ切り」、いちばんおいしいだしが取れるという「根昆布」など、品ぞろえも豊富になって製品は少しずつ幅を広げ、販路を広げていった。

そして一九八九年六月、べてるの家はついに黒字を記録する。もうけのなかから作業所のメンバーにはじめての〝給料〟が支払われることになった。ひとりあたりわずか数千円だったが、それはまぎれもなく苦労して得た商売の報酬だった。川村先生は、そのときのみんなのほんとうにうれしそうな顔を忘れることができない。

「あれは病院では絶対見られなかった顔ですね、医療という枠組みのなかでは出てこない笑顔だった」

早坂さんから一人ひとりに給料袋が手渡され、拍手と歓声がわきおこった。それはささやかな、しかし感動的なセレモニーだった。作業所で昆布の内職をはじめてから六年目、自分たち自身で商売をはじめてから半年目のことである。存続の危機に瀕していたべてるは、どうやら「どん底の十年」を抜け出していた。

十万円の資金ではじめた商売は、六年後には一千二百万円、八年後には二千二百万円の売り上げを記録する。最初の給料が払われてからまもなく、べてるは紙オムツなどの介護福祉用品を販売する「福祉ショップべてる」を開店、翌年には日赤病院の仕事を請け負うようになり、坂本辰男さんや高橋吉仁さんが廃棄物処理や清掃を手がけるようになった。

そして四年後の一九九三年六月四日、べてるは念願の会社設立にこぎつける。会社の名前は「有限会社福祉ショップべてる」、社長は佐々木實さんだった。「あんたたちバカにできるわけがない」のひとことが、ほんとうに会社を作ってしまった。会社と作業所をあわせたべてるの総事業収入は、一九九八年には一億円を超すまでになっている。

当時をふり返ると、川村先生はべてるではみんなが「仕事をするよりおしゃべりをしていただけ」ではないかと思うことがある。けれどその一見むだなおしゃべりこそがたいせつだった。

「僕はたまにしか作業をしている現場にいってみないわけですけれど、そこでは『もっと金もうけしたいな』とか、『金もうけしたら、なにする？』なんて話しあっている。そんなことより、黙って働けばもっとお金になるのに……だけど、いってみればそこで夢が語られていたということが、そのことの方が大きかったと思います」

苦労しながらもそうして夢を語ることができたのは、なんと幸せだったことだろうか。それはただ「働け、働け」といわれていたらできないことだった。社会復帰しなければいけない、病気を治さなければいけないといわれつづけていたら出てこない発想だった。病気でもいい、そのままでいい。けれどそこでなにかできることはないか。それを考えるのがべてるの場であり、そこからべてるの商売は生まれてきた。

とはいえ、それはだれが考えても商売の原則に反している。働かなくてもいいという人たちや、ほんとうに働けない人たちが集まってどうして商売ができるのか。商売がそんな甘いものであるはずはない。向谷地さんは「べてるが会社を設立するということは、じつに無謀で、世間の常識とかけ離れたできごと」だったと認めている。

それは「誰をも切り捨てない」ことと「利益」を生み出すという相反するテーマへの挑戦の歴史でもありました。……人を活かし大切にする商売は、人に支えられ育てられるのです。これほど人間的な営みは他にありません。結果として私たちは、世間で言う商売の厳しさ以上に楽しさを味わい、やすらぎの基本を知るに至りました。そしてべてるは、「誰をも切り捨てない」ということの結果として

想像以上の「利益」を現実に生み出してきました。（『ポンキッキ通信』一二号、一九九三年）

それはもしかしたらいわゆる健常者の社会ではけっして実現できないことだったかもしれない。働けないものは寝ていてもいいという、そんな不平等なシステムを一般社会は許容しないからだ。けれどべてるの人びとは知っている。精神障害者のなかには、働きたくても働けないものがいるということを。病気が出れば働けなくなるものがいるということを。そのことを認め、安心してサボっていてもいいと保証したとき、彼らはほんとうの意味で自由になった。その自由と安心感が最後には商売につながっていく。だれも切り捨てないということと利益をあげるということは、けっして相反するテーマではなかったのである。

もちろん彼らの周囲には向谷地さんや川村先生のような人びとがいて陰に陽に彼らを支援してきただろう。メンバー以外の人びとの助言や誘導もまたたくさんあったにちがいない。けれど彼らはそうした支援や助言や誘導をそのままうのみにしていたのではなかった。そうしたことのすべてはミーティングのなかで語られ、反芻され、メンバー自身の考えとなりことばとなって再生産されていったのである。それが、いってみればべてるの力のしくみであった。内職打ち切り事件があり、商売をしようと思い立ち、おなじメンバーに「バカ」といわれて鼓舞され、会社作りに走ってしまう、そうしたことのすべては自分たちが作り出してきた場のなかで、自分たちが考え、選びとってきた道だったというところに力の源泉は根ざしている。

べてるの危機をまねいた昆布内職打ち切り事件には後日談があった。べてるから内職を取り上げてしまった昆布の元請け工場は、ケンちゃんとのけんかの後、翌年の一月にはなんと倒産してしまった。内職をつづけていれば、みんな働き損になるところだったのである。それを回避できたのはケンちゃんのおかげということで、べてる没落の「A級戦犯」は、一夜にして先見の明のある「予言者」とほめたたえられることになった。また、「あんたたちみたいなバカにそんなことできるわけない」といってみんなを燃えあがらせた女性メンバーは、「べてるの会社を生み出した貢献者」として再評価され、その後毎年、有限会社福祉ショップべてるの総会にゲストとして招かれスピーチする時間を与えられている。

べてるのいのち

べてるの家のミーティングは、いまでは毎日の作業前のミーティングだけでなく、金曜日の全体会議、共同住居のミーティング、分裂病者やアルコール依存症の集まりなど、一週間に十指を超えるミーティングがくり返されている。定例のミーティングだけでなく、問題があればそのつどミーティングを開くから、日によってはほんとうに飯の数よりミーティングの数のほうが多い。

そのミーティングを見ていると、はじめはどこがいいのか、なにが力なのかと思う。一見形式的で表面的で、深い議論があるわけでもなく活発なやり取りが聞けるわけでもない。みんながてんでにつぶやくように発言するか、ほとんど黙っているだけなのだ。しかも話はいったりきたり、おなじことのむし返しできわめて非能率的だ。けれど最後には出るべき意見が出ているし、みんなが納得できる形での結論にたっしているというのがべてるのミーティングなのである。

その秘密は、「納得」というところにあるのではないかと思う。

べてるのミーティングでは、ものごとの是非をあきらかにするというより、話しあうことそのものが重視されている。その結果えられた結論はかならずしも合理的とはいえないかもしれない。むしろそこでたいせつなのは、議論が「つくされている」ということなのだ。あるいはつくされているとみんなが感じていること。であれば、その場にいた人はたとえ結論に反対であっても、議論のプロセスは受け入れることができる。逆に議論がつくされていなければ、どんな結論もメンバーの受け入れるところとはならない。三度の飯よりミーティングというのは、この集団にとってミーティングがなによりも重視されており、しかもそのミーティングで参加者がどこまで納得できたかが、いちばんたいせつだということを示している。

そのミーティングがどのようなものかを物語る有名なエピソードがある。

かつて共同住居のなかに、ひとり乱暴なメンバーが住んでいたことがあった。若くて腕力があり、なにかといってはほかのメンバーを殴ってしまう。小さいときから親に暴力をふるわれてきたせいか、金がないといっては殴り、パチンコで負けたからといっては殴る。だれかれのみさかいもなく殴るので住人は生傷が絶えず、パトカーがやってくることもあった。もうたまらない、出ていってほしいと声があがり、みんなでミーティングを開くことになった。話しあいは予想通り苦情の声が続出し、川村先生によれば彼には共同住居から出ていってもらおうということでいったんは決まりかけていた。

ところが、である。

「話がそっちの方向に進もうとしたとき、あるメンバーが『いや彼も困っているんだ。彼も追いつめられているんだ、つらいんだ』と、被害者のなかから加害者を救おうという声がでました。その声が徐々にみんなの意見になっていって、『そうだ、彼に必要なのは応援なんだ』、『彼を追い出して排除すればすむ問題ではないんだ』という声に意見がまとまるんですよ」

そして彼がなぜ暴力をふるうかについて、いろいろな証言が飛び出してくる。パチンコで負けたとき、靴下が買えなかったとき。要するに彼はお金がないとムシャクシャして暴力をふるってしまう。

そんなひどい奴は放り出してしまえ、というのがふつうの反応だろう。ところがべてるの家の議論はそうはならなかった。

「彼はいまこそ救いが必要なんだ、応援が必要なんだという声に意見がまとまるんですよ。ついにどんなことがおきたかというと、彼にお金を渡そうということにメンバー全員で決めました。そのときは五千円を貸そうということに決まったんですね。そこで加害者の彼に早坂君が五千円を、みんなの前で授与するというセレモニーが行われました」

被害者が加害者を応援する。しかも金を貸すセレモニーまで開いてしまう。

どうしてこういうことになるのか、川村先生には信じられなかった。

「医療の世界ではこういうことはおきません。僕は、人間業を超えた大きな存在の力がなにか働いてるんじゃないかということを感じましたね」

それを精神障害者のすることだからと笑ってもいい。わけのわからない人たちなんだからと無視してもいい。けれど、そのように見ていたのではべてるのミーティングの力はわからない。

このエピソードを理解するためには、まず精神障害者とお金の問題を知っておかなければならないかもしれない。部外者にはわかりにくいことだが、彼らのなかには金の管理ができないものがいる。本来できるはずの計算ができず、手にした金をいつのまにかなくしてしまう。そしてまた、金がないと機嫌が悪いというメンバーもあちこちにいる。ケンちゃんもそのひとりだ。それは理屈ではなく、病気としかいいようのない奇妙な現象なのだ。世間は、金がなくて機嫌が悪いなら、金を使わなければいいではないか、がまんすればいいだろうと思う。ところが精神病の不思議なあらわれ方のひとつとして、金とほんとうに相性の悪い患者というのがけっこういるのである。

べてるのメンバーはみんな、そのことを知っている。暴力的なこの若者も、そんな患者のひとりだとみんなにはわかっている。そして暴力をふるったからといって追い出してしまったのでは、なにも問題が解決しないことをまただれもが知っている。知ったうえで、彼に殴られた痛さを思い返しながら、なおかつ彼のために金を出してやる。なにしろ病気なのだ。彼も、自分も。ミーティングの背景には、そんな事情があったことを理解する必要があるかもしれない。けれどそんなことよりさらにたいせつな、いわば「人間業を超えた」ものがそこにあるのではないかと川村先生は思っている。

「被害者が加害者を救うというお金が渡されるとき、多くのメンバーが拍手で、被害者集団が加害者に拍手しているんです。そういう話しあいが行われたことじたいに、みんながある種の納得をしていたんじゃないかなと僕は思うんです。これこそがべてるの大事にしていることなんだと思う。こういうことがべてるのなかでおきることじたいが、メンバーのみんなにとって誇りになっているんですね」

そしてさらにすごいのは、そうやってお金を渡しても問題は解決されなかったということなのだ。その後も彼はべてるの家の住人を殴りつづけていたのだから。けれど、あのセレモニーのあと、もしかしたら彼は人を殴る回数がほんの少しだけは減ったかもしれない。あるいは、殴るときに手加減するようになったのではないか。少なくともそう思いたいものだ。けれど彼の暴力がおさまったかどうかはじつはほとんどどうでもいいことのように思える。そうやってみんなで話しあい、その結果としてセレモニーがあり、五千円が渡されたとき、べてるのみんなはその経過のすべてに納得し、それによって救われ、もしかしたらそれを楽しんでさえいたのだから。そのようなミーティングをくり返すことによって、べてるのみんなは「ぶつかりあいと出会い」を重ね、場を耕し、自らの生き方を探し求めてきたのだった。

場をつくる

町へ

べてるが商売をはじめようと思い立ったとき、向谷地さんの頭のなかにはひとつの懸念があった。それは、地域との関係である。浦河の町ははじめからべてるに開かれていたわけではなかった。

「私たちはもう、町の隅っこで、とにかくだれにもばれないように、だれにも知られないように、こっそりとやってたんですね」

当時をふり返るとき、そうした懸念は向谷地さんの話のなかでおおむねユーモアまじりの表現に解消されている。けれどそれはそのころとしては真剣に考えなければならない問題だった。

「ここは作業所ですよとか、ここは精神障害者の社会復帰の場所ですよとか、そんなふうな知られ方をしたらもう、つぶされるんじゃないかって、いつもこう、じつはびくびくおどおどしてた自分たちも、どこかあったなって思うんです」

商売をしようという高揚感と、それが商売以外のところでつぶされるかもしれないという懸念と。それは当時のべてるの家と浦河という町がどのような関係にあったかをみなければ把握できない。なにしろそのころのべてるはとても世間相手に胸をはって商売できるようなイメージではなかった。日赤病院からべてるの家に至る二キロの大通りにはいつも独語空笑異形の人びとが歩いていたし、彼らの深夜早朝の徘徊、妄想やアルコールによるトラブルやケンカで、パトカーや救急車の騒ぎはあとをたたなかった。町民感情はきわめて悪かった。おまけにしばらく前には精神病患者同士の殺人事件がおきたばかりである。不起訴になったとはいえ、事件は精神障害者一般にたいして世間がもつ「なにをするかわからない人びと」という、あのイメージをことさら強めていた。それでなくてもべてるのメンバーが新聞配達のアルバイトをしていると、その時間は外に出ないという地域住民もいたほどだ。べてるが「じつはびくびくおどおど」していた以上に、町の人もまた警戒心というかんたんに燃え上がる可燃物を胸のなかに隠しながらべてるをうかがい見ていたにちがいない。いわば浦河はそのころ、日本のどこにでもあるふつうの町だった。

その町に出て、商売をしようというのである。

どんな反対にあうか、厳しいことをいわれるかわからなかった。けれど思いきって町に出ていった向谷地さんたちをまちかまえていたのは、予想外の反応だった。

「昆布を仕入れて全国に売りますからというと、漁協がよろこんでくれましてね。私たちを役場の物産観光課まで連れていきまして、なんとか日高の昆布をこの人たちに売ってくれといいまして、それで話がとんとん拍子。そのへんはうちら頭がよかったんですね」

これが行政主導の「社会復帰事業」だったら、事情はずいぶんちがっていたことだろう。しちめんどくさい書類や審査で、あれをするなこれもするなと規制だらけになっていたかもしれない。けれど彼らがはじめようとしていたのは商売だった。昆布を買って、それを加工して売ろうというのだから、漁協も役場も反対するわけがなかった。商売であるがゆえに、地元もそうした動きをすんなり受け入れていった。

「精神障害者の社会復帰というと、『えっ、どんな人が来るの』というんですが、昆布を使って全国に商売やろうっていうと、反対する地域住民だれもいないんです」

精神障害者の作業所には、かならずといっていいほど反対運動がおきる。計画がつぶれることもある。ほとんどの作業所はそうした反対にあいながら、家族会やボランティアが中心となり、役所や保健所からあれこれの支援を受け周辺住民との会合を重ね、紆余曲折のすえに設置される。けれどべてるには家族会もボランティアの組織もなかった。行政の補助も受けなかった。支援も規制もない代わりに、彼らは商売をはじめるときに引き受けなければならない危険と苦労を背負うことにしたのである。いわばべてるの人びとは町の人たちとおなじように苦労をし、おなじように暮らしてみようしたのであった。

その糸口をもたらしたのが、向谷地さんの妻の悦子さんである。

悦子さんは八九年、長女の出産のために日赤病院の産科病棟に入院していた。ところがべてるの家の事務会計をしょいこんでいた悦子さんは、入院先の病床でも大きなお腹をかかえながら朝から晩まで帳簿を広げ電卓をたたいていなければならなかった。しかもそこに夫の生良さんがこれでもかと仕事をもちこんでくる。この「わけがわからないほどに多忙」な人たちに、思いあまってとなりのベッドの患者が声をかけた。

「こんなところで、いったいなにをしているんですか」

声をかけたのは、おなじく出産をひかえて入院中の小山祥子さんだった。祥子さんは悦子さんから、自分はこの病院の看護婦で夫はソーシャルワーカー、ともに本業のかたわら教会と作業所と共同住居と、そこにかかわるたくさんの人たちを支援していると聞かされて興味をつのらせてゆく。

「そういうことだったら、私もなにか手伝うから」

それが、小山祥子さんがべてるの家の活動にかかわるようになるきっかけだった。べてるの家がこの時期に小山祥子さんと、祥子さんの夫で燃料会社専務の小山直さんという支援者をえたのはまたとない幸運だった。事業の拡大にともなって、小山さんのような町の人たちの知恵と力を必要としている時期だったからだ。

おりしもべてるの家はパソコンを導入したいと考えているときだった。それならお手伝いできますよと、そうした分野に経験の深い小山直さんが助け舟を出すことになり、さっそく向谷地生良さんを町のパソコン講座に連れていった。向谷地さんはそこではじめて、地元浦河で商売をしているさまざまな人びとと出会うことになる。

「銀行屋さんとか居酒屋さん、建設会社の人たち、農協に勤める人、燃料屋さん、事務機器の販売会社、たくさん集まって勉強会をしてました。そこに私、はじめて招かれて、大歓迎されまして。こりゃおもしろいと」

向谷地さんが出かけていったのは、MUG（マグ＝マイツール・ユーザーズ・グループ）というパソコンの勉強会だった。ただの勉強会ではなく、地元の商店主や経営者などの交流の場でもある。そこで向谷地さんがべてるの家を説明し、自分たちは「日高昆布を全国に売ろうという商売の志を立てたグループです」とのべると、並みいるその道のプロがみな「おもしろい、どんどんやりなさい」と励ましてくれた。だれも「障害者にそんなことができるはずがない」とか「病気だからおやめなさい」とはいわなかった。商売をしようとするものにたいして、そこにはおなじ商売人のオープンさと潔さというものがあった。この出会いに気をよくした向谷地さんは、次の例会になんと早坂潔さんをはじめとするべてるのメンバーをぞろぞろと引きつれていく。

「電卓さえまちがってうまくいかない、その人たちが、読み書きもときどきまちがってしまうような人たちが、大挙して町のコンピュータの勉強会に参加したんです。そこで彼らはなんと、大歓迎されました」

歓迎につぐ歓迎。このあたりが、意表をつくところである。

九九の計算も苦手な人がいる精神障害者の一団が、パソコンの勉強会に大挙して押し寄せてどうなるのか。それを実行してしまったべてるの人びとも驚きだが、彼らを迎え入れ大歓迎した町の商売人たちもまた、まことに率直な人たちだった。考えてみればそれは商売という一点があればこそ実現した結びつきだったのだろう。

向谷地さんはこのときの出会いに深い意味を見出している。

「そのＭＵＧのグループの人たちに、おなじこの町で商売に苦労している仲間として私たちは受け入れられたんです。これは私たちにしてみるとひじょうに新鮮な感動でした」

なぜそこに感動があったかといえば、それまでべてるの人びとはこのように受け入れられたことがなかったからだ。「医療」や「福祉」や「行政」の枠のなかにいるかぎり、彼らはいつも病人、すなわち治すべき人びとであり、障害者、すなわち社会復帰しなければならない未完の存在だった。医者や看護婦や福祉課の人びとが彼らを「仲間として受け入れる」などということはまず起こりえない。ところがそこから一歩出て商売の世界に入れば、医療の世界にはけっしてありえない出会いがあり、連帯があった。

「それからですね、私は、ほんとうに町の人たちは、ほんとにこう、信じた方がいいと、そんな実感をもつようになりました」

それは町の人たちもおなじことだった。

べてるの人びとと出会うことによって、彼らの視線も一変する。佐々木さんや早坂さんがパソコン教室に出かけていくようになって、多くのMUGのメンバーが精神障害者と身近につきあうようになった。そして彼らのいうことを聞いていると、だれもが精神障害者といってもなんのことはない、結局おなじ人間ではないかと思うようになる。しかも「じつはわたしもそういう病気でした」と告白するものも自然に出てくるようになった。受け止め方はそれぞれだったろうが、べてるとMUGのメンバーの出会いは、病気を抽象的な概念ではなく、具体的な人間の顔のもとに見直すきっかけとなった点で画期的だった。

結局、「電卓さえまちがってうまくいかない」人たちの多くがパソコンに習熟することはなかったようだが、人びとのつながりは広がっていった。パソコン講座にでかけていった早坂さんたちは、逆にMUGのメンバーや彼らの家族、友人たちをべてるの家の夕食会に招くようになった。夕食会といっても三百円のカレーライス一皿を食べる集まりだが、そこにべてるとはおよそ無縁と思われていた「銀行屋さんとか居酒屋さん、建設会社の人たち」が連なるようになった。

小山直さんと祥子さんがべてるの家をはじめて訪れたのもこのころである。恒例の夕食会に小さな子ども二人をつれて出かけたときは、できるだけ自然体でいったつもりだったが、いまから思えばやはり最初は「精神障害者の共同住居」に緊張感をいだいていたと思う。

初めてべてるに行った時、私たち家族に話しかけてきてくれたのは岡本さんでした。「子供はいいなぁ。俺、子供好きなんだぁ。俺も結婚したかったんだけどなぁー」子供たちを優しいまなざしで見ながらそう言いました。その時から、私の中で身構えていたものが崩れていく感じがしました。（小山祥子、『べてるの家の本』より）

岡本さんは、外見はいかつい迫力の人だ。この人が暴れたらどんなにこわいだろうかと思わせる雰囲気をもっている。その岡本さんに、はじめて行ったべてるの家の玄関先でぱったり出くわし、小山さんたちは一瞬ハッとしたにちがいない。けれどその岡本さんが子どもを見て、「いいなぁ」と話しかけてきたとき、それまでのこわそうな岡本さんのイメージは、シャボン玉が割れるようにあっけなく砕け散っていった。

いつも道路を大きな声で歌いながら歩き、ひとりで何やら話しているかと思えば、時には泣いていたり、道ばたで頭を抱えてうずくまっているこの人が、こんな話を始めるなんて思いもよりませんでした。

そうやって驚いた自分に、いま、あらためて驚きます。私は、同じ人間としての岡本さんを知るまで、彼のことを何だと思っていたのでしょうか。(同)

小山直さんもこのとき、べてるに「たった一回いっただけで、ほんとに百八十度印象がちがって」しまったことを鮮明に覚えている。

多くの人びとがこんなふうにしてべてるのメンバーと出会っていった。彼らははじめておとずれた精神障害者の住処に一抹の不安をいだきながら玄関をくぐり、台所に落ちているネズミの糞や破れたソファを見て見ぬふりをしながら「得体のしれないところに来てしまった」と身を固くして席につく。ぎこちなく、どこか波長のちがう目の前の人びとにどう対すればいいのか。白々しい時間のなかで上滑りなことばが口をついてしまう。けれどしばらくするうちに、場を開くのはだいたい彼らなのだ。「オラ、アッパラパーで……」という早坂節や、「あ、ども、みなさん、ども」と笑顔でひたすら気を使う佐々木さんや、ぶすっと押し黙って時々悲しそうな目つきをしている岡本さん、それにみんなのあいだでなにかブツブツいいながらかいがいしく器を運ぶ高橋さんの姿を見ていると、いつしか訪問者は身構えていた気持ちがやわらぎ、どこかでほっとする思いを感じているときがある。「ナマの精神障害者」とともに肩よせあう時間をすごし、食事をしながらとぎれがちな会話をつなげていくうちに、気まずさよりはむしろ素直な気持ちを覚え、この家の乱雑さと汚さとの向こうにあるおだやかな時間の流れともいうべきものを感じるようになる。そこにある深い安心感となつかしい優しさのようなものにつつまれたとき、人びとのこころのなかにあるかたくななものがゆっくりと崩れてゆく。そしてこれはいったいなんなのだろうと思う。

べてるの家には、豊かで、広く、かつ暖かい精神が息づいていました。金も社会的地位もなく、失うものはすべて失ったかのような彼らといると決して同情などではなく心が落ち着くのです。ときに発作の不安におびえ、眠れない夜を過ごし、またときには争い、ささいな欲に拘泥する彼らといると、人間が生きていくというごく当たり前のことが、圧倒的な存在感をともなって私を襲います。（小山直、同）

べてるの家を訪れたとき、訪問者は自分の目の前にいるのがおおむねどこかおかしな人びとだということに気づくだろう。彼らは冬眠中のクマのように緩慢で怠惰な暮らしをしているかと思えば、突然「俺は死ぬー！」と叫んで海に入り、あるいはじっと引きこもって生死の境をさまよっている。健常者から見ればおよそ非常識で、欠点と不可解な言動ばかりが目立つ彼らだが、そうしたすべてのことをとおして見えてくるのは、彼らのかけねのない正直さともいえる生き方なのである。病気があっても、いや病気であるがゆえに、彼らはあるがままの自分をそのままに生きている。そう生きなければならない。飾り、気取り、自分を作ろうとすれば、どこかで破綻してしまう人びとなのだ。それはまるであらゆる飾りを取りのぞいた後にあらわれる、原初の人間の姿のようにもみえる。

そのような彼らとともにいるうちに、訪問者はそこにあぶりだされてくるのがけっして精神障害者の真実の姿などではなく、彼らの前にいる自分自身なのだということに気づくのである。飾らず、作らず、そのままで生きているべてるの人びとの前にいるとき、仮面をかぶり、体面をとりつくろうことに懸命で、いつもまわりの評価を気にして奮闘し、気が休まることのない「こっけい」な自分というものが見えてくる。

このことに気づけたのは……やはりべてるの家にかかわったからだと思います。ある時を境に、私はできるだけ「あるがままの自分」で、生活しようとしています。そこには自分を自由にした自分がいました。この過程の中でわかったことは、私が精神障害者を理解することではなく、理解されたがっているのは私自身だったことです。（坂本佳紀、同）

べてるの家が、ただの障害者の共同住居ではないと思わせるのは、この瞬間なのだ。人は、精神障害者との出会いを目指してここにやってくる。そしてなるほどこれが「こころ病む人びと」なのかと多少は理解したつもりになっている。けれど彼らと対峙するうちに、彼らの話に耳を傾けるほどに、自らのなかにしだいに湧き上がる違和感、内なる声の問いかけを抑えることができない。目の前にいる人びとの、こころ病むはずの彼らのなかにある底しれぬ安心感にたいして、自分自身がかかえこんでいるのはなんとちっぽけな不安の均衡だろうか。そのちがいはいったいなんなのだろうと。そのように考え出す、その瞬間。訪問者はそこで鏡に映し出されたように、自分自身の姿と人生を見てしまう。自分は病気の人に会いに来たのではなかったか、だのに病者はいったいだれなのか。

しばらくするとべてるの家は、私にとってある意味で「当惑の場所」となってしまいました。私自身がまさに病気になってしまったのです。……私は自分が考えているよりも、随分と器用に人生を送り始めていたことを知らされました。そしてべてるとは、私たちいわゆる健常者が一方的に何かをしてあげる場所ではなく、自分自身をもう一度見つめ直す場でもあることを知ったのです。（小山直、同）

私自身が病気になった、というのは、私が自分の病気に気づいたということでもある。これが「べてるにいくと病気が出る」という、有名なキャッチフレーズの本来の意味なのだ。当事者であれ、訪問者であれ、人はそこで自らが病人であることを悟る。その病気とは、精神医学によって分類される病気ではない。それよりもっとずっと深く広い意味で、人間がかかえている苦悩やひずみ、不十分さ、あるいはそうしたことを回避したときにあらわれる病理をさしている。

べてるの家に強い影響を受け「まさに病気になってしまった」小山さんは、ここにはなにかひどくたいせつなものがあるということに早くから気づいていた。いわばべてるを最初に「発見」した人のひとりだったといえよう。べてるの家を訪れ、メンバーとかかわりながら、小山さんのなかには「これはいったいなんなのか」という感覚が驚きとともにとぎすまされていく。その「ひどくたいせつなもの」をそのまま放っておくことはできなかった。小山さんは折にふれてそのことを考え、機会あるごとにその思いをだれかに伝えようとしていた。それはあたかも神の啓示にふれた人が、自らに托された預言をひそかな熱をこめて語りつづけるかのようであった。

べてるの家の本

べてるの家とかかわりはじめたとき、最初に小山直さんを揺り動かしたのは数編のプリントだった。それは向谷地生良さんがおりにふれて書きつづったエッセーであり、また札幌の教会で講演したときの記録だった。入院中の向谷地悦子さんが小山祥子さんに渡し、祥子さんから夫の直さんに渡されたものである。そこに書かれていたのは、浦河の町の片隅で生きるアルコール依存症や分裂病などさまざまな困難をかかえた人びとの息づかいや、彼らとかかわることで手にあまる問題に直面してきたひとりのソーシャルワーカーの姿だった。

そこではたとえば、精神障害者が教会に来るようになり、それまで静けさと神秘性のなかで健常者の安住の地であった浦河教会があり方そのものを問われ、混乱のすえにたくましい教会へと生まれ変ったこと、そして教会が問われると同時に、向谷地さん自身もまた精神障害者と向きあいながら「時折自らを支配するイラだちと嫌悪感」があることに愕然とし、「人を愛し得ない自分」という「闇の世界」に向き合わなければならなかったこと、そうした葛藤のなかで「人間らしさとは何か」「生きるとは何か」が問われつづけたことをのべている。その一方で、べてるの家が「過疎の町で、私たちに何ができるだろうかと思案にくれ」たすえ、昆布の内職をはじめ、挫折し、一転して商売に取りくみ、「管理されて働くのでもなく、お金のためだけでもなく、仕事を通しての苦楽をともにする喜びや楽しさ、うれしさ」に動かされて売上げを伸ばしてきたことを伝えている。そうして歩みつづけてきたべてるの家ははじめから、「弱さをきずなに」した人びとの群れだったと向谷地さんはふり返っている。

私は、彼らによって自分の力の無さ、未熟さ、貧しさを知らされました。……べてるに行くと私自身、安心して弱く、ありのままであることが許されているような落ち着きに満たされることがあります。そして、弱いままで生き合える信頼なくして、人間は共に生きることはできないことを教えられるのです。

「僕は、ふんふんて感じで読んでたんだけれど。途中からね、ほかのことが入らないくらい、ふーっという感じでこう読んでたんですね」

小山直さんは、プリントを読んでいるうちにいつしか自分のなかで時間が止まっていたことを覚えている。

「要するにずーっときて、いろんな苦しいこと、いろんなことがあった、こういうこともあったって……じゃこの人は最終的にどうしたんだというふうに、もうちょっと読んだときに、『いかに自分は人を愛せないかを知った』っていうときにね、あまりにも不意を打たれたんでしょうね、僕はきっと」

最初に読んだとき、小山直さんはそこに書いてあることの「七割くらいはわからなかった」。だから読んでしばらくはそのままにしておいた。無理もない。あれほど多くの人びとがかくも懸命に生きてきた歳月の記録がそうかんたんに了解できるはずはない。けれどそこに書かれていたこと、いや書かれていたことの背後にあるなにものかが、「いったいなんなのか」という疑問とともに自らをつき動かすように小山さんのなかでふくれあがっていった。それをだれかに伝えたい。そう思った小山さんは、しばらくためらったすえに、この人ならわかってくれるのではないかと、コピーを新潟県の清水義晴さんに送ることにした。経営コンサルタントの清水さんは、浦河に講演にきて以来の旧知の仲である。全国を飛びまわり斬新な経営哲学を説いている清水さんなら、きっとわかってくれるのではないかという期待があった。

案の定、清水さんはそのプリントに強くひきつけられる。

そこに書かれているのは、「底の底から光を見出し、魂の安らぎを得ている」人びとの姿にはかならなかった。そのようなべてるの家と出会うことによって、人は「真の自己を回復する」ことができるだろう。これは、宝の山にちがいない。

ただちに清水さんは返事を出し、「ぜひ、これを本にしましょう」とよびかけた。

そのころ清水さんはまだべてるの家にいったこともなければ、メンバーに会ったこともない。そんな人がいきなり「本を出しましょう」といってきたのだから、だれもがめんくらった。川村先生は冗談まじりに、これは「ちょっと、危ない人」じゃないかといったくらいである。けれど清水さんは本気だった。ここにはひどくたいせつなものがある。もしかしたらそれは、いまという時代を生きるすべての人びとの救いになるのではないか。ぜひ、ここでおきたことを広くみんなに知ってもらいたい。そんな清水さんの「妄想」がしだいに浦河の人びとのこころをとらえ、べてるの家の本を作ろうという気運が盛り上がってゆく。ついに小山直さんがよびかけ人となって、浦河町の福祉センターにみんなで集まろうということになった。

そうして開かれたのが「こころの集い」である。

この「こころの集い」は、べてるの時代を画するできごとだった。

なぜならそれは、べてるのメンバーと町の人びとが一堂に会して精神障害に向きあうという初の試みになったからだ。小山さんたちは、べてるの家の本を作ろうと考えたとき、たんにべてるの活動を紹介しようと考えたのではなかった。そこにかかわる多くの人びとがべてるの家の生き方にふれながら、自分自身の生き方を考える機会にしたいと思ったのである。そこで町の人にもきてもらい、この際みんなで精神障害について率直に語り、学び、意見を交わしましょうとよびかけたのである。

そうして開かれた「こころの集い」は、なによりもサブタイトルが人目をひいた。「偏見差別大歓迎集会——決して糾弾致しません」と書かれていたからだ。

精神障害に偏見差別はつきものでしょう、この際なにをいっても非難しません、だから町のみなさん気軽に参加して精神障害について話しあってみませんかと軽妙に訴える集まりは、多くの町民に鮮烈な印象を与えたにちがいない。小山さんの「十五人も来ればいいほうだ」という予想をはるかに上まわり、六十人もが集まる盛況だった。

一方、この会合に際して向谷地さんがひそかに期していたことがひとつあった。それは、出席するべてるのメンバーはみな自分の病名をいおう、ということだった。いまでこそ彼らはまったく臆することなく自然に、そしてときには誇らしげに、「分裂病です」とか「精神病です」というが、はじめからそうしていたわけではない。病名を名乗るという生き方は、この「こころの集い」からはじまっている。そしてまたべてるの当事者は、すでにそうするだけの十分な力を身につけていた。

はじめの自己紹介の場面を、向谷地さんは鮮やかに覚えている。

「べてるのメンバーが次々自己紹介していくんですね、自分は精神病のだれだれです、患者ですって。それで赤尾さんという人の番になって『アルコール中毒の赤尾です』って自己紹介したんです。ところが次に立った町の人が、なんて自己紹介すればいいかわからないんですね。ことばにつまっちゃって」

べてるのメンバーはそれぞれ「分裂病」とか「アルコール」とか「七病棟（閉鎖病棟）入院中」とかの〝立派な肩書き〟があった。けれど町の人たちは、それがない〝ただの人たち〟だった。つぎつぎ立ち上がって病気を名乗るべてるの人びとの前に、自分にはなにもないという、町民のとまどい。

会場は大笑いだった。

うちとけた雰囲気で交流会は進んでいった。べてるのメンバーが「ときどき、おかしくなりますのでよろしくお願いします」とか、「あっぱらぱーになってます」などとあけすけに病気を語り、「退院したいのに、家族が退院させてくれない」と苦労や悩みを打ち明ければ、町の人たちもまた「精神障害者はこわいと思っていた」、ここに来るまでは「内心どきどき」で、「いや、ぶったたかれたりしないだろうか」といろいろな心配をしてきたことを率直に披露するのだった。そしてじっさいに来て彼らを見ていると、「心休まるっていうと変なんですけども、自分が素直になっていく」とか、精神障害者の「いいところ」が見えてくるようになる、などということばも聞かれるようになった。熱気にみちた会場で参加者はみな、かねて精神障害ということについておたがいに隠しもっていた思いをつぎつぎと爽快にさらけ出し、「こころの集い」は笑いと歓声につつまれる感動的な集まりとなった。

そのような過程を経て一九九二年四月に出版されたのが『べてるの家の本——和解の時代《とき》』である。

本のなかでは、べてるのメンバーがそれぞれに病気を語り、彼らとともに歩む向谷地さんや宮島牧師夫人、MUGのメンバーや看護婦などあわせて三十人近くがべてるとの多彩なかかわりを綴っている。

小山直さんがまえがきを、清水義晴さんがあとがきを分担し、みんなで作ったこの本は、べてるの家とおなじように飾らず、気取らず、けれどけっしてひととおりではない深い思いがこめられていた。

本が出版されてから十年以上になるが、そこに書かれていることはいまなお新しい。その後たくさんのメンバーが入れかわり、作業の内容や共同住居のあり方も変わったけれど、べてるの生き方そのものは当時もいまもなにも変わっていない。その生き方が『べてるの家の本』にはぎっしりと凝縮されている。出版社も代理店もなく、口コミだけで一万三千部以上売れたこの本は、いかに多くの人を触発したことだろう。

けれどこの本は、ある意味できわめて難解な本だ。まったく平易な文章のなかに幾重にも織りこまれた深い意味があり、淡々とした記述の裏に山のような思いがこめられている。はじめて読んだものをたちまち引きこんでしまう力をもちながら、一度読んだだけではなかなかわからない含意にみちている。なかでも読者を引きこむのが当事者の文章だろう。ほとんどがあっけないほどの短文にまとめられているが、平明で簡潔な記述はその背景にあったであろう常人のうかがい知れない苦労と思いとをおおい隠している。たぶん、それらの思いは一人ひとりの長く複雑な生活史を知ってはじめて輪郭がつかめることだろう。けれどそれがなくても、当事者の寄稿はそれぞれのことばで読むものに訴えてくる。

たとえば服部洋子さんはこう書いている。

入院していて初めて「心の集い」に行ってきました。べてるは、私にとってとても心がなごやむやすらぎの場所です。昆布作業も、少しだけどやってみました。心の安らぐ場所を、私は小さい時から探していました。十六歳で働きに行って、病気——精神分裂病——になってしまい、静内の病院に入院。退院までに十年という月日がたってしまいました。

この間に姉が亡くなったことは大きなショックだった。残された両親のことが気にかかる。一度は結婚したが病気のために離婚、子どもも手放さざるをえなかった。その子が訪ねてくる日を信じてひたすらまち、「もし来てくれたのなら思い切り抱きしめ」てやりたいという。べてるの家は、服部さんにとって「私のこころの窓」なのだという。

こころの窓とはなにを意味するのだろう。

別の機会に服部さんがのべたことと照らしあわせてみると、意味が少しずつ浮かびあがってくる。「私も、むかしは自分をいじめていた。（それが）楽な気持ちになりたかったら（自分を）〃ほめること〃だとわかった。いつも、私なんてどうして生まれたんだろう、生まれてこなきゃよかったって思ってた。真ん中にすわったことがなく、いつも端っこのほうにすわっていた。端っこ端っこばかりにいた。でもいまはちがう。いまは、私はやっぱりいてもよかったんだと思えるようになった」

どこにいっても部屋の隅にすわる習慣のついていた「洋子ちゃん」は、いまでは堂々と真ん中にすわっている。それはべてるに出会ったためであり、べてるという「自分がいられる場所」に出会えたためだ。べてるの家が「私のこころの窓」だというのは、そこをとおして世界とつながるところ、自分を外の世界に開くところ、という意味でもあるのだろう。

一方、岡本勝さんは「今の俺」という題で書いている。自分は精神分裂病で「人との不和に悩んでいる」という。

いつも人生のことを考えている。岡本勝、生きていて良かったか悪かったか。金は無い。家は無い。女にはもてない。無い無いづくしで寂しくなり、この世がいやになり、泣けてくる。

じっさい、岡本さんは泣きながら浦河の町を歩いている。笑っているときや歌っているときもあるが、ほとんどは「人生のことを考え」ながらべてるの家と大通りの三田村商店とのあいだを行ったりきたりしている。あるとき向谷地さんが、泣きはらした目をしている岡本さんに心配して声をかけると「岡本勝がかわいそうで……」とつぶやいたという。向谷地さんはそんな岡本さんには「誰よりも真剣に、壮絶なまでに自分の人生と向き合おうとする思い」があるのだという。

俺は、べてるに来て二度死んだ。一度は絶望して「家族にすまないから俺、海に入る!」とべてるから出て港に行こうとしたら、向谷地さんにバッタリあって「死ぬ必要ない」と言われあきらめた。あのとき止められなかったら今はこの世に居ない。

二度目は、夜寝ていて急に不安になり、体がかたくなり「岡本勝! 四八歳でこの世を去った! 危篤状態!」という言葉が頭に渦巻いた。本当に「もう死ぬ!」と思った。そしたら母の声が聞こえてきた。「まだ生きていたら楽しいことあるどー楽しいことあるどー」という声だった。そして必死に叫んだ。

「岡本勝！　危篤状態！　医者呼ベー！」

隣の部屋にいた早坂さんが飛んできて、川村先生もかけつけて岡本さんは危篤状態を脱することができた。ひどい幻聴があったのか、せん妄状態におちいったのか。救急車をよべという患者はいるが医者をよべという患者はめずらしいと川村先生は感心しているが、結局なにがあったのかはだれにもわからない。そんな経験を重ねてきた岡本さんは、「俺は、じいさんだか青年かどっちだろうと考えている」という。考えてわかるような問題でもないだろうが、やはりそんなことを考えてしまうのだろうか。そしてそんな自分に涙し、笑い、浦河の町を歩きつづけているのだろうか。

そんな人びとがなぜ、みんなで集まって暮らしているのだろう。

それはここにいるのがみな「弱さ」をもつ人びとだからだと佐々木實さんはいう。

入居者は病院を退院したての人や、長期間入院しないで頑張っている人、さまざまですが、いずれにしてもひとりでは、生活するには困難な弱い立場の人が多く、誰かに、何かにすがっていかなければならない人で形成されています。

「誰かに、何かにすがっていかなければならない人」がいくら集まっても、無力でばらばらな人間集団しかできないと他人は思うだろう。べてるの家がそうなってもおかしくはなかった。けれど弱さをきずなにした人びとがその弱さをさらけ出し、おたがいにその弱さを認めあって暮らしはじめたとき、そこには「底の底から光を見出し、魂のやすらぎを得る」人びとの力、その人びとが集まることによって生まれる場の力が培われていた。

精神的病気にかかわった者は今の日本の社会ではさまざまな差別や患難を多く受けます。病気が治っても生涯差別は続きます。しかし……私たちは四方から患難を受けても窮しない。途方に暮れても行き詰まらない、迫害にあっても見捨てられない、倒されても滅びないと信じています。

私はいまでも、この本はべてるの原点だと思う。

多くの人が、この本によってべてるとの出会いを果たしている。

べてるの家を訪れたときとおなじように、人はこの本を読むことによってそのどこかに自分自身を見出している。べてるのようになりたい自分と、そうではない自分と、そのちがいはどこにあるのだろうと考えながら、べてるの「そのままでいい」というメッセージのなかに深い安心を見出している。それは救いといってもいい出会いをもたらすことがある。

たとえば、清水義晴さんは原稿の一部を読んで深い感動を覚え、「涙が止めどもなく流れ」たという。

そのときのことをこう書いている。

私は……強くなければいけない、人に認められなければいけない、企業を成長させなければいけないと、日々緊張して生きてきました。

そのことによって、随分魂がすさんでしまったようです。

そのすさんだ魂が、喉が渇いて水を欲するように、ありのままの自分で生きる、弱いままの自分をさらけ出して生きる物語に魅かれるのでしょう。

べてるの家との出会いは、しばしば唐突な滂沱の涙となってあらわれる。それがどこでどうあらわれるかは、それぞれの人による。なにげなく『べてるの家の本』を買い、日高本線のなかで読みながらぼろぼろと泣き崩れた人もいるし、講演を聞きながら涙が止まらなかった人もいる。あるいはその後作られたべてるのビデオを見ながら泣き伏してしまった人もいた。けれど人はべてるの家の物語にふれながら、だれもがおなじ文脈のおなじところで泣くわけではない。それはつまりべてるというものに触発されて、その人が懸命にかかえてきたものがどこかでどっと崩れてしまう、そのときに起こることなのだろう。あるいはひたすら信じつづけてきたものが呪縛となり、もろくもひび割れ落ちてしまう覚醒のときに。べてるはいわばその触媒装置なのだ。もちろんべてるの話を聞いてだれもが感慨をおぼえるわけではないし、なんらの価値を見出さない人もいる。その一方で、べてるとの出会いが自らの再生となり人生の転機となった人は数しれない。人はべてる的なものに触れたとき、しばしば自らのなかに長年背負ってきた重荷をほどかれ、自らとの和解をはたすのである。

いまのしあわせ

本の出版につづいてべてるの家はビデオを作った。清水義晴さんがプロデューサーとなり、映像作家の四宮鉄男監督とカメラマンの岩田まき子さん、内山浩二さんが制作したドキュメンタリー・シリーズ、「ベリー・オーディナリー・ピープル」〝予告編〟全八巻がそれである。予告編とはいっても各巻は一時間から二時間のれっきとしたドキュメンタリーだ。

このビデオ・シリーズは『べてるの家の本』とともに好評で、本よりもさらに広く多くの人びとに伝えられていった。

画期的だったのは、全篇にわたり精神障害者が素顔と実名で登場したことだ。ビデオのなかで彼らは臆することなくアルコール依存や分裂病などの病気を語り、清水さんが伝えたいと思った「病気でありながら、それをてこに生きている」「あのおかしさ、ゆたかさ」を、あますところなく表現している。

そしてこのビデオ・シリーズについてさらに画期的だったのは、著作権を主張しなかったことだろう。制作者の清水義晴さん自らが「ダビングOK、みんなで見てください」といって世に送り出し、いたるところで回覧コピーされた「ベリー・オーディナリー・ピープル」は、精神医療の世界で知らぬものはないほど有名なシリーズとなった。著作権を放棄したのは、これからはお金やものではなく「夢をもっている人」の時代だという清水さんが、できるかぎり多くの人にべてるを伝えたいという自らの夢を追いもとめたためだった。

こうした本の販売やビデオの上映をとおして、べてるの家は浦河の路地裏にひっそりと生きる苦労ばかり多い一握りの人びとから、ユニークな活動を展開する画期的な精神障害者のグループとして広くその名を知られるようになる。名が知られるとともに各地のイベントによばれ、講演の依頼を受けるようになった。その回数もいまでは年間五十回から六十回にも達している。興行のパターンはいつもだいたいおなじで、メンバーが「精神分裂病の松本です」とか「精神バラバラ状態の早坂です」などと自己紹介し、ビデオが上映され、そのあとで向谷地さんや川村先生が司会となってみんなで病気を語る。といっても、どうすれば病気が治るかというようなことを話すのではない。あくまでもべてる流に、治さない医者と治ろうとしない患者とが、そしてまたみんなの苦労ばかりふやしているソーシャルワーカーが、どう生きてきたか、どんな暮らしをしているかが中心のテーマだ。

そんなべてる的な生き方を楽しもうとする賛同者が各地にあらわれ、メンバーを招いて交流する催しが岡山や埼玉、東京など各地で開かれるようになった。そのさきがけとなった名古屋の「べてる祭り」は、一九九六年以来ずっと浦河から二十名近いメンバーが訪れる恒例の行事として定着している。

その「べてる祭り」の二回目のことだった。

壇上のべてるのメンバーに、会場からある母親が手をあげ質問したことがある。自分には二九歳の精神分裂病の娘がいるが、本人にはほんとうの病名をいっていない、「神経衰弱」ということで通院中だが、どうすればいいだろうか。

「みなさんにお聞きしたいのは、精神分裂症ということを自分がわかったときはどんな気持ちでしたんでしょうか。やはりショックを受けられたんでしょうか。それと、私、娘に精神分裂症ということを伝えた方がいいのか、いま悩んでいます」

娘の精神病という問題をひとり背負いこみ、だれにも相談できず困り果てているようすが背中にありありとあらわれていた。母親はさらに、本人の妹は結婚を控えているが、姉が「そういう病気」をもっているのでひじょうに悩んでいる、自分たちは年金生活だが娘の将来がどうなるか不安でたまらないと訴えるのであった。分裂病の子をもつ親の多くがかかえる、切実な胸のうちである。

最初に答えたのは、質問した母親とおなじ年代のべてるのしっかり者、浜長あやえさんだった。

「私ならね、隠しとくっていうよりはね、本人に伝えた方がかえって本人が楽になるんじゃないかと思います。そうして家族でね、話しあったらいいんでないかなと思います」

年配者らしくゆっくりと話す浜長さんのことばのなかには、毅然とした響きがあった。

つづいて、べてるのメンバーがつぎつぎに答えてゆく。

「精神分裂病と告げられてショックだったし、自分のなかに他人が乗り移るような感じがあるんですけれど、自分のこころ、お腹んなかとかを（その他人が）移動したりとかして。そういう感じなんです」

ぼそぼそとしゃべる横内さんはいかにも精神科の患者らしく硬い表情だったが、つぎの中村忠士さんはにこやかで饒舌だった。

「自分としては入院したときからノイローゼと思ってたんですよね。それで生命保険を請求するときに診断書を書いてもらった。そんときに精神分裂病って書いてもらって、やっぱりショックでしたね。自分ではノイローゼなんじゃないかと思ってたもんですから。そんときショックだったけれど、いまはなんも感じてません。だからお子さんにやっぱりハッキリいった方が僕もいいと思います」

最後に答えたのは、どこかとぼけた調子の下野勉さんだった。

「僕も最初、うちのお父さんにノイローゼっていわれて、川村先生の外来いったら、精神分裂病って書いてあったんですよね。カルテにね。だけどまわりの人の方がたいへんだったんじゃないかな、たぶんね。ぼくはなんとも思わなかった」

いまは笑って病気を語るべてるのメンバーも、はじめから病名を告げられていたわけではない。やはり分裂病といわれたときはショックだった。それはいまでも覚えているが、隠しておかれるよりはよかったんじゃないか。

メンバーがひとしきり話し終わったところで、マイクを渡された川村先生はこの病名の告知という問題について、「たんに病気のことだけをいう」のであればそれはあたかも「あなたは欠陥品である」というようなものだから、だれだってそんな病名は受け入れがたいだろうという。病名を告げるだけではなく、告げた上でこれからの人生をどう生きるか、その生き方を提案できればいいのではないか。

「もし僕がお子さんの立場であれば、もし分裂病といわれる立場にあれば、そのいわれることを通じて、そこからなにか新しいことがはじまるような、そんなことであればいいですけれど。なにか、いわれたことが〝終わり〟のような感じがする告げられ方は、ちょっと厳しいなあっていう感じですね。僕は、だから分裂病のことをいうときに『誰々さんとおなじ病気だよ』ということにしているんです。あのひと、すごく楽しい暮らししてるよというようなことが、病名を告げるときいっしょにいえたらいいなと思います」

病名の告知ということでいえば、川村先生ほど恵まれた立場にいる精神科医もいないだろう。なにしろ分裂病でも「すごく楽しい暮らししてる」人がべてるにはいっぱいいるのだから。

たとえば佐々木實さんだ。

分裂病ではあっても会社の社長になり、仲間とともに一生懸命働いて自活している。いつもニコニコと気配りを絶やさず、腹筋運動をしすぎてお尻をすりむいてしまうなど笑い話に事欠かないが、その一方でべてるの代表としてアメリカにでかけ当事者と交流したりもする。毎日夕方、焼酎を飲んで早坂さんたちと語りあう佐々木社長の人生は、不健康な健常者よりよほど「楽しい暮らし」になっている。

あるいは下野勉さんだろうか。

ひところは窓を割りドアを蹴破り大荒れのときもあったが、いまはそんなことをしなくても自分を表現できるようになり、手抜きしてさぼりながらも働いている。パートナーとくっついたり離れたりしながら、好きなギターを弾いて作曲に励み、講演にいってはその歌を歌っている。

松本寛さんでもいい。

分裂病は「友だちができる病気だ」という、自称「楽しい分裂病患者」。こんな症例をみたことのある精神科医はいないはずだ。

数え上げればきりがない。それほどにいまのべてるは分裂病になることが「なにかの終わり」ではなく、「そこからなにか新しくはじまること」としてイメージできるロールモデルがそろっている。もちろんそれは見る人の人生観、価値観によることなので、なんといわれても納得できない人はいるだろう。けれどべてるでは、分裂病になっても佐々木さんや下野さんや松本さんのような人生もあると、少なくとも指摘することができる。

講演会でのやりとりという場面で、もうひとつ印象に残るのは北海道の静内町で行われた精神障害者家族会の講演会だった。

町長や保健所の所長など、精神医療にかかわる地域のリーダーがあいさつし、型どおりに「なによりも大事なのは社会復帰して、自立した生活を送るということであります」などと訴えたあとで、ゲストとしてよばれた川村先生の番になった。

先生は、「最新の考え方」は障害者になにかしてあげるということではなく、障害者も力をもっているという視点なのだと、やんわりと釘をさしたうえでいう。

「もう〝治すこと〟ばかりを追いかけまわすようなことは、むしろ卒業しようと思います。治すことが唯一の道だとすれば、日高地方で精神病になった人は、札幌でなった人よりは運が悪い。東京の人よりはさらに運が悪いということになる。でも、いま私たちの現実を見ると決してそんなことはない」

だれも病気は治っていないのに、べてるの人びとが不幸かというとそんなことはない。みんなさぼりながらも働き、それなりに暮らしているではないか。どうしてそんなことになるのかと、毎年全国から千人をこす見学者がやってくるようになった。そういう人たちから、べてるは夢のようだといわれることもある。

「ですが決して私たちの地域では夢をみながらやってきたんじゃなくて、問題だらけで、悩みが多くて、病気を治せる先生もいないし、というなかで、『だけどなにができるんだろうか』と。どんなことをすれば自分たちは多少とも幸せだと思えるような現実をつかめるんだろうかと」

そういうことを考えつづけてきた結果として、いまのべてるがあるのだと語りかける。その話が、集まった人びとにどこまで理解されたろうか。会場のほとんどを占める精神病という重荷を背負った人びと、とくにさまざまな問題に直面している家族にとってこうした考え方はなかなか受け入れがたい。なによりもまず病気を治すことを考え、社会復帰を、自立をと考えてしまうからだ。川村先生の話のあと会場から立ち上がったひとりの母親の質問がそれを象徴していた。

「うちの息子は退院して、いま夕刊配達の仕事をしてます。もう二ヵ月近くになるんですけれど、三年間がんばってふつうの会社に行きたいといいます。こんな状態でも三年たてばやっていけるようになるんでしょうか」

退院してアルバイトの仕事をはじめたが、もっと一生懸命がんばって定職につきたい、自立したいと親子ともども考えている。

それにたいして川村先生は直接答えず、こういうのであった。

「僕はある方からですね、幸せっていうのはなんだろうということを聞いたことがあります。幸せは『いまうれしい』『いま楽しい』ことだそうです。もし、精神障害というですね、決して望んだことではないこの現実に向きあいながら、なおかつ幸せになろうと考えたら、リハビリテーションをして、よくなって、治療を受けて治って、仕事を探して働いて、それがもし幸せになることなんだって考えたら、多くの精神病の人たちは幸せっていうことはあきらめたほうがいいんじゃないかと思います」

精神病の患者ががんばって努力して、三年五年つらい思いで仕事をし、無理がたたって結局病院にもどってくる姿を川村先生はいやというほど見てきた。これはそんなかんたんな病気ではない。

「ふつうの会社に勤めることが幸せなことであれば、それを目指すしかありませんけれど、もっと広い道で生きることを考えていただければと思います。もしかしたらふつうの会社には勤められないけれど、それよりはるかに幸せなんだという人もいてもいいんじゃないかと思うんです」

そして川村先生は会場に向って問いかけるのだった。障害者だけが努力するのではなく、みんな「おたがいさま」という感覚をもつことができないだろうか、病気を治そうとすることだけに目を奪われるのではなく、ともに暮らし生きていこうとするところから、もっと広い目でものごとを見られないだろうかと。

「いっしょにやろうと。お互いに学びあおうと。教育しあおうと。僕は、むかしよりは思いやりも少ないし、優しさもなくなった医者になりました。障害者がこの世で幸せをつかむためにはですね、とくに私の思いやりや善意だけではなんともならない、むだなことはしなくなったということです。むしろそんなところに（患者を）囲いこんで、せまっくるしいところに追いつめていくというような、そしてそんなことをしてしまう自分も（また）追いつめられていくということから卒業したいなというのが、最近私たちがいちばんこころがけてやっていることです」

このやりとりに、私は深く納得するものがあった。

努力してがんばって、社会復帰と自立をめざし、リハビリに精を出すのがすべて明日のためだとするなら、その明日はほんとうにくるのかを問わなければならない。川村先生だけでなく、べてるの人びとは精神病という「決して望んだわけではないこの現実」と向きあうなかで、いつしか健常者が題目を唱える社会の枠組みじたいに深い疑いのまなざしを投げかけるようになった。そこでは、真に病んでいるのは障害者ではなく、むしろ健常者ではないかという核心の疑問が浮かびあがる。

講演会場のまんなかにはべてるのケンちゃんがすわっていた。肝心なやりとりの最中にケンちゃんは大きなあくびをしていた。横の方にすわっている早坂さんは眠さのあまり、頭をかかえて傾いている。会場の外では働き者の浜長さんがしっかりべてるの「根昆布」を売っていた。きょうもまた「治せない医者」がこむずかしいことをいっているという顔をして。

講演会が終わり、私たちは車で浦河への帰途についた。日高海岸に打ち寄せる緩慢な波のくり返しを見ながら国道二三五号線を走りつづける車のなかで、早坂さんはしばらく身の上話をしてから、ふと気がついたようにいうのであった。

「社会復帰、社会復帰っていうけどよ」

講演会の〝えらいさん〟のいったことを思い出したようだった。

「だけどな、俺がこうしているのが社会復帰でねえのか」

川村先生が一時間かけて説いたことを、アッパラパーの患者はたったひとことでいいきるのであった。

SST

べてるの生き方、暮らし方は、ビデオを見て川村先生やメンバーの講演を聞けばおよそのことはわかる。けれどべてるの「そのままでいい」というメッセージや「ぶつかりあいと出会い」の日常、「弱さをきずなに」した人間関係や「だれも排除しない」生き方は、やはり彼らのなかに入ってじっさいに体験してみなければわからない。さまざまなキャッチフレーズに象徴されるべてるの生き方は、たしかにそうであるとしてもなぜそうなったのか、なにがそれを生み出すのかがわかりにくいからだ。逆にいえば、べてるの生き方は日常の表面にあらわれたことを一瞥しただけではわからない。なにも特別なことをしているようには見えないし、一見単調な毎日がくり返されているだけなのだから。けれどべてるとの出会いは、そこですごす時間に比例して深まっていく。無数の出会いを重ねくり返したところに、しだいに見えてくるものがある。

それはたとえば、SSTとよばれる会合だ。

SST（Social Skill Training＝社会技能訓練）とは、さまざまな場面で人が人と話をしたり交渉したり、社会生活をつづけていく上で必要な技術（ソーシャル・スキル）を身につけるための訓練のことだ。アメリカから導入され、近年各地の病院で盛んに行われるようになり、べてるでも九〇年代後半からこのSSTを取り入れている。ただし人の話によるとべてるのSSTはほかとは「まったくちがう」ので、これが世間一般のSSTだと思わないほうがいいともいわれている。

そのSSTは毎週水曜日の午後、日赤病院の会議室で行われていた。

入院中や共同住居に暮らしているべてるのメンバーが十人前後、この会議室にやってきて、ソーシャルワーカーの向谷地さんやべてるのスタッフ、精神科の看護婦などといっしょに椅子にすわって円形になる。そしてそれぞれに「電話のかけ方」だとか「家族との話し方」など、与えられた課題をみんなの前で演じ、評価してもらう「会話の練習」がくり返される。

その程度のことをなんで訓練する必要があるのかと疑問に思われる方もいるだろう。けれどじっさいに分裂病の患者とつきあってみると、なぜそれが必要なのかがわかる。彼らは一般にはとても早坂さんほどしゃべることはできず、口下手というよりはほとんど「話ができない」状態におかれている。多くの場合、年金手帳を取得することも銀行振り込みをすることも困難で、ときにはかんたんな買い物にいくこともできない。分裂病患者が口下手なのは、基本的に人間関係が苦手なためだが、そうした障害を乗り越えて社会生活をしていくためには、どうしても「社会技能」訓練が必要になってくる。

私が取材に訪れたとき、SSTにはべてるのメンバーが八人、スタッフや看護婦が七人、合わせて十五人が参加していた。進行役は向谷地生良さんだった。

「はい、きょうの練習課題は、中村さん」

毎週、メンバーはそれぞれ自分で決めた課題をみんなの前で話す練習する。

「きょうは、あいさつの、自己紹介の練習です」

はじめに指名された中村忠士さんは、友だちの天戸政一さんとともに近く大阪に行くことになっていた。昆布の販売をかねた講演である。そこであいさつし自己紹介ができるよう、SSTで練習をすることにしていた。

「じゃ、こちらがみんなお客さんです」

練習は、じっさいの場面を想定して行われる。中村さんと天戸さんの目の前にいる人たちは講演会場のお客さんだ。

「みんなに自己紹介とPRをお願いしますね。私、司会やります」

司会をつとめる予定の向谷地さんが、中村さんのとなりに立った。

「じゃこれから、わざわざ北海道浦河町からやってきましたべてるの方々に、自己紹介とPRをしてもらいます。はい」

パンと手をたたいて、「はじめ」の合図だ。

中村さんが息を吸いこんで、口を開く。

「精神分裂病の中村忠士です。うーんと……、なにいえばいいんだろうね、わかんない……」

たちまち立ち往生してしまった。最近は調子がよく、べてるのメンバーとしてはしゃべるほうの中村さんだが、講演会できちんと話さなければならない場面になると口ごもってしまう。頭をかいている中村さんを見ながら、ころあいを見計らって向谷地さんが引きとる。

「笑顔がいいんだよね」

中村さんのあどけない笑顔は人をなごませる力をもっている。その点を指摘したひとことに全員が笑う。そして中村さんは「よろしくお願いします」と頭をさげ拍手を受けるのであった。

ついで天戸さんの番だ。

「浦河から来ました天戸です。大阪にきれてよかったたっす」

小さな早口でちょっと聞き取りにくかったけれど、一気にいってのける。そこでまた拍手。メンバーが話をしたら、とにかくみんなで拍手する。失敗してもできなくても。それがＳＳＴの決まりだ。

「それじゃ、みなさんの方から質問あったらどうぞ」

講演会場で、聴衆からの質問を想定しての練習だ。

手をあげたのは横内さんだった。横内さんは、中村さんと天戸さんがいつもいっしょにいることを取り上げて聞いた。

「ふたりは、どういう関係ですか」

この質問には全員が吹きだした。

たしかに中村さんと天戸さんは、まるで恋人同士のようにいつもいっしょにいる。働くときも食事のときもいっしょにいる姿を見ると、どうなってるんですかと聞いてみたくもなるというものだ。ボケのふたりに横内さんのツッコミである。

「仲のいい友だちです」

中村さんがそう答えて「ワッハッハア」と大笑いする。無口な天戸さんは、いつものようにすべてを中村さんにまかせてニコニコと目を細めている。

第一ラウンドが終わったところで、いまの話し方のどこがよかったか、どうすればもっとよくなるかが話しあわれた。看護婦のひとりが手をあげる。

「笑顔がすてきで、とってもいい印象がありました」

拍手があって、では中村さん天戸さん、もういっぺん練習してみましょうということになった。

少し緊張の取れた中村さんが、ふたたび口を開く。

「精神分裂病の中村忠士です、べてるではいちおう経理担当になってるんですが、発送とか製造とかやっています。よろしくお願いします」

こんどはうまくいった。拍手。つづいて天戸さん。

「北海道からやってきました天戸です。担当は、あの、製造、管理担当とか、発送の仕事をやってます。よろしくお願いします」

天戸さんも、こんどはゆっくりしゃべってわかりやすかった。

ふたたび「どうでしたか」と向谷地さんがたずねる。山本さんが手をあげた。

「一回目のときは素朴な感じがしたんですけれど、二回目のほうがほんと自然な形でいえて、聞いていた方もすごくよかったなと思います」

ぱちぱちと拍手が響いて、中村さんたちが席にもどる。

SSTはとにかくしゃべる、話をする練習の場だ。そして話した人には必ず拍手があり、励ましがある。どんなに下手でもうまくことばが出てこなくても、いいところを見つけてみんなでほめる。話した内容でもいいし、場合によっては「笑顔がいい」と。

もう少し見てみよう。

中村さんたちについで米田和夫さんの番だった。米田さんは、お姉さんに住民票を取ってもらいたいのだが、うまく頼むことができない。その電話のかけ方の練習だ。お姉さん役は向谷地悦子さんがつとめることになった。米田さんは電話をかけるふりをして片手を左の耳にあて、話しはじめる。

「あの、姉ちゃん?　和夫だけれど」

「あ、元気になった?」

「ああ、元気だけど、生保（生活保護）の住民票なんだけれど、それなんとかしてちょうだい。いいですか」

すらすらいっているようでも、じっさいにはとぎれとぎれで、しかも一本調子だから話の中味がわかりづらい。

「生保の、なに」

「生保の住民票、住民票なんとかしてもらえない」

「住民票を送ればいいの」

「そうそう、そうだ」

そこでちょっと間をおいて、米田さんがつけ加える。

「元気かい」

そのぎこちない言い方に、みんながほほ笑む。

お姉さん役の悦子さんはそれには答えず、前の質問に答えていう。

「わかった、病院の方に送ったらいいのかな」

「そうです」

「じゃあ住民票、送っとくから、はい」

「よろしく。じゃあ切るね」

緊張のやりとりが終わって、みんなが拍手する。向谷地さんが進み出る。

「ねえ……、けっこう気つかって電話してましたね。はい、よかったところは」

何人かの手があがる。

「『もしもし元気かい』っていうふうに、お姉さんの調子も聞けていたし、電話切るときも『じゃあ切るね』ってひとこと加えてたとこがよかったと思います」

「もっと、お姉さんにわかりやすいようにゆっくり大きな声で、生保で住民票が必要だってことを話した方がよかったかなと、私はそう思いました」

みんなのアドバイスを受け、もういっぺん米田さんが練習することになった。

「あのー、生保のことで聞きたいんだけれど。生保のことで住民票を、移す手続きとりたいんだけど。あのー、なんとかしてくれ」

最後はちょっと投げだすようだったが、どうにかいいきれた。

「住民票、転出届を送ればいいんだね。じゃ病院の方に送るから」

「あ、そうかい。じゃ安心した。頼むよ」

「はい、じゃ、さよなら」

拍手につづいて、「なんとかして」といったところがよかったなど二、三のコメントが返ってくる。そのほめことばの一つひとつにみんなの拍手がつづく。SSTとは、ことばのやりとりより拍手のほうが多いのではないかと思えてくるほどだ。

そして拍手の合い間に練習がくり返される。中村さんのようにうまくできた人もいればぜんぜんできない人もいる。この日とくに調子が悪かった内村直人さんは、順番になっても話しはじめることができなかった。じっと押し黙ったまま顔を紅潮させ、どうしても口を開くことができない。いいたくても、いえない。固唾を飲むようなその場の雰囲気に、ますます固くなるだけだった。どうなってしまうのか見守っていると、看護婦の本多昌枝さんがいつのまにかすっと内村さんの後に歩み寄っている。そしてなれた調子で肩をもみながらつぶやくのであった。

「だいぶ固まってるね」

声をかけられ、貝のようだった内村さんが思わず口を開く。

「うん、ちょっと病気で」

このひとことで、部屋は爆笑につつまれた。

そのとおり。病気、固まっちゃう病気なのだ。

無表情だった内村さんも、みんなにつられて照れ笑いしている。この日はじめて見せた表情らしい表情だった。

ＳＳＴはこんなふうに進んでゆく。

分裂病という病気を知らない人が見れば、いい年をしたおとなが兄弟に電話をかけるのに練習もないだろうと思うかもしれない。練習はいいとしても、だれかが話すたびにかならず拍手をするあからさまな励ましにはなんの効果があるのかと思うだろう。はじめてみたとき、私はそこで行われていることにいくらか気恥ずかしさを覚えながら、この程度のことがなぜできないのか、なんと歯がゆい人たちなのだろうと思った。

いまではわかる。

分裂病というのは、ある意味ではことばの病気なのだ。

百人百様、一人ひとりがまったくちがうといわれるこの病気では、まれに饒舌な人もいるが、多くに共通しているのはことばがうまく使えないということなのだ。じっと押し黙ったかのように見える彼らは、幻覚や妄想で混乱しているということもあるだろうし、薬の副作用で悩まされているということもあるだろう、また病気の残遺症状としての慢性的な疲れということもあるだろうが、だいたい話をしないか、しても断片的でつづかない。人とのコミュニケーションがうまく取れないのである。話ができずコミュニケーションが取れないから、不気味だとか気心が知れないと警戒され遠ざけられ、それがさらにまた彼らの人間関係を悪化させている。悪循環のなかで分裂病者は強いストレスに耐えながら孤立している。

そんな彼らをどうやって人間の輪のなかに取りもどすか。

それはやはり彼らに話をしてもらうしかない。かんたんなあいさつでもいいからことばをしゃべり、会話し、自分自身を表現していくことなのだ。べてるの命は「三度の飯よりミーティング」というが、ミーティングが成立するためには一人ひとりがどうにか話せるようにならなければならない。べてるのいちばんの苦労はそこにあるといっても過言ではないだろう。そのために「そのままでいい」というメッセージを送りつづけ、「だれも排除しない」という場を作り、「ぶつかりあいと出会い」にいちばんの価値をおいてきたはずだった。そして自分のことが話せるように、話すことで人間関係を回復できるようにと作られたしくみのひとつがSSTだった。

そこで行われていることは、一見形式的だ。つたない話し方の機械的な訓練でしかないようにも思える。けれど、ここでは人間関係を回復するための、それぞれの必死な思いでの問いかけが行われていると思って見れば、また別なものが見えてくる。じつにかんたんな会話の練習のようであっても、メンバーの一人ひとりはSSTに集まることによってひとつのことを確認しているかのように思える。

私たちはつながっていたいと。

ことばを話すことによって、自分は人間の社会とつながっていたい。その思いが、どんなに幼稚に見えようと、どんなにうまくできなくても、おなじ仲間同士集まってあいさつのしかたを練習し、電話のかけ方を教えてもらい、苦手な仲間との話し方を演じてみるといったこころみのくり返しとなっている。このような場で、このような形であらわれている彼らの切実な思い。そしてあの拍手。

だれかが話をしたとき、かならず拍手で終わるのは「なんでもいいから話そうね」とか「よく話してくれた、ありがとう」という単純明快な意味がこめられている。そんなことをいちいちいわれなくてもいいだろうにと思っても、拍手があるからこそみんなはしゃべるきっかけをつかんでいる。そこには、世間一般の「いわずもがな」という、ことば以外のものに頼る世界にたいして、「いってこそ」という、ことばそのものを信じる世界がある。ことばが、自分を飾るためではなく、目の前の人びととつながるためにあるという世界。それはある種の刷りこみではないかといってしまえばそれまでだが、くり返される拍手は彼らの必死な思いでのことばをみちびく重要な仕掛けとなっている。

SSTは最後に、みんながきょうの感想をのべあうことになった。

自己紹介の練習ができてよかったとか、これからもSSTをつづけたいなどとそれぞれに感想をのべたのにつづいて、順番は「ちょっと病気」の内村さんにまわってきた。さっきはまったく話せなかった内村さんが、こんどは小さな声で話しだす。

「僕、しゃべるエネルギーがなくて、しゃべれない病気なんです。しゃべる力がたりなくて困ってます。なんとかしゃべってますけど、よろしくお願いします」

みんなの拍手がひときわ大きく部屋中に響いた。

本多さんが、内村さんのほうを向きながらつけ加える。

「そうやって『話せない』ことをいえて、すごいなあと思いました」

失われかけていた人間関係が、ここでひとつ、かろうじてつなぎとめられる。

内村さんにとって、この日の経験がどれほどの意味をもっているのかわからない。おそらく覚えてもいない些細なできごとのひとつだったろう。けれどもこうしたひとつひとつのことが、彼らをつなぎとめ、人間の輪のなかに引きもどし、ひいては人間関係を取りもどすことにつながっている。精神医療というのはそんな簡単なものではないと否定する見方もあるだろうが、ここで見ているかぎり、内村さんはこの些細なできごとによって、そうした些細なできごとの積み重ねの上に、自らの存在をたしかめ、ゆだねているかのようだ。

最後は松本さんだった。

「僕もしゃべれない病気なんで、しゃべれるようになりたいです」

この〝決意表明〟に全員がふたたび大きく拍手し、一時間あまりのＳＳＴは終わった。あとは楽しいお茶会である。みんなが準備に立ち上がり、向谷地さんがまだ十分に話のできない松本さんのそばにいって肩を抱いていた。いいんだよ話せなくても、でも順調だからねと、そんなことをいっているのだろう。

紙コップにお茶を注ぎ、紙皿にお菓子を取り分けている看護婦さんたちのなかに早くも早坂さんが割りこんでいる。

「俺、松井さん好きなんだ」

いつものように看護婦の肩に手をかけ、なれなれしく話しかけていた。

「白衣着てないといいいな」

「潔君、だれが好きなの」

笑いながら応じる看護婦の肩におかれた手が、微妙に降りて腰のあたりをさまよっている。

落ちてみるか

ＳＳＴ以外にも、べてるはじつにさまざまなミーティングが開かれている。

作業所では毎朝ミーティングが開かれ、共同住居、福祉ショップではそれぞれ週一回のミーティングが開かれる。それに加えてワークサービスという病院の営繕や清掃作業などのミーティング、派遣先でのミーティングや支援スタッフの会合、金曜日の全体ミーティング、最近はメンバーが作る自主グループのミーティングなど、一週間で十指にあまるミーティングが開かれるようになった。問題だらけだからこそ、ミーティングだらけのべてるなのである。

そのうちスタッフ・ミーティングは、べてるの活動を支えるスタッフがメンバーとべてるの各部門の活動について話しあう集まりだ。毎週水曜日に開かれ、司会は早坂潔さんがつとめている。ふつう能率的な会議というのは議題があって資料が用意され、意見がかわされ論点を整理し時間内に結論がだされるものだが、べてるの会議はまるでちがう。だれが来るかははじまるまでわからず、その日その場に集まった人びとがいつのまにか話しあいをはじめ、いつのまにか終わる。議題も資料もないまま延々とおなじことがくり返され、いつまでたっても論点も結論も見えてこない。話しあってなにごとかを決めるというより、話しあうことそれじたい、あるいはたんに顔をあわせていることが目的ではないかと思えるほどの集まりなのだ。けれどそのなかに、はっとさせるような顔つきがあり、ことばがあり、時間の止まるときがある。この日の集まりもそのようなべてるの一場面が作り出されていた。

「はじめたいと思います」

早坂さんが一声かけてはじまった会議には、メンバーとスタッフあわせて十五人くらいが集まっていた。

「福祉事業部から佐藤さん、お願いします……」

もともとみんながちゃんと席についてするような会議ではない。テーブルのまわりに数人、その近辺に残りの人が立ったりすわったり、ばらけたお茶会といったところだ。がやがやとしたなかでやがて早坂さんはカップめんを食べ、耳の上にタバコを一本はさんだ石井さんは後のほうで缶コーヒーを飲んでいる。テーブルには柿の種などのスナック菓子と、この日はなぜか雛あられがいっぱい紙の上に広がっていた。中村忠士さんと向谷地悦子さんが会議を聞くともなく聞きながら、ならんで雛あられを食べている姿はトリがえさをついばんでいるようでもある。

「これからの販売の予定は、大阪の健康祭り。それから大分は十九日……」

福祉事業部、販売部についで出版事業、経理、製造と各部の報告がつづく。この日はべてるの家に入れてほしいという患者の入居依頼をめぐって、かなりの時間が費やされることになった。話をもちだしたのはスタッフの濱田裕三さんだった。

「共同住居に入れてほしいって。短期間でもいいからなんとかならないかっていうんですよね」

べてるが全国的に知られるようになってから、入居依頼は後をたたない。この日テーマになったのは函館の青年で、母親が濱田さんのところにぜひべてるの家に入れてくれないかと電話で頼んできたという。けれど共同住居は満室だし、残念ながらべてるに新しいメンバーを受け入れる余裕はなかった。

「家を追い出されるようで、とにかく短期間でもいいからべてるでなんとかならないかと。家がたいへんな状態でね」

「なにがたいへんなの。本人が」

「いや、経済的にたいへんなんだそうです」

そんな話がいったりきたりする。司会者は寝こんでいるか、タバコタイムで部屋の外に出ているから役に立たない。石井さんはいつのまにかいなくなった。入れかわりに近所でアルバイトをしていた松本寛さんがやってきて中村さんのとなりにすわる。午後まで寝ていた山崎さんが目をさまし、後ろのドアから入ってきた。話しあいに加わるのかというとそうではなく、世間話をしている。

ミーティングはべてるが予定しているイベントの相談がしばらくつづき、それであの函館の話なんだけれどと、また入居依頼の話にもどっていった。

「短期間でもなんとかならないかという相談なんですけどね」

「お母さんて、いくつくらいなのかな」

「いや本人ですよ。家、あったんだけど、家がなくなるような状態でね」

「そりゃひとりじゃ決められんない。みんなでミーティング開かなけりゃだめだろうねえ。ミーティングのときに話したほうがいいんじゃないですか」

おなじような話がくどくどとくり返される。途中で電話が鳴り、宅配便が訪れ、しょっちゅう人が出たり入ったりしている。黙々と雛あられをついばんでいた松本さんは、いつのまにかベンチの上に横になっていた。喫茶店のアルバイトで疲れ果てているのだろう。わずか一時間のアルバイトなのだが。

「どうしたらいいだろうね」

「うーん……。だから、べてるを作ってもらって、がんばってもらうしかないと思うんですよね」

中村さんは、問題をかかえた人がみんなべてるに来るんじゃなくて、自分たちの地域でべてるを作ればいい、という。べてるでは常々「問題のあるところならどこでもべてるはできる」といっている。

「そりゃ今回の人もね、ゆくゆくはグループホーム作っていきたいんだけれど、いまそんな状態じゃないんですよ。なにしろたいへんな時期を、短期間でもいいからと」

話を聞いていたスタッフの藤原かおりさんが割りこんでくる。

「函館の方の（ソーシャル）ワーカーさんとか、力になってくれないの。もちろん病院にもかかってるだろうし、福祉事務所もあるだろうし。（函館は）大きい市やから」

大阪から来た藤原さんは、いまでも関西弁がまじる。

「取り組んではいるんだけれど、まだ時間はかかるし」

「本人が入りたいっていってるの。それとも親」

「本人と親と話しあって、可能性として（べてるには入れることが）あるかどうかって」

話は堂々めぐりをくり返している。みんなのあいだにそろそろ「もう、いいか」という気分が生まれる。それはむしろ「しかたがない」というあきらめの気分だろうか。

「うん、あしたみんなで話してみる」

中村さんが最後にいったひとことで、どうやらこの話は終わりになった。

中村さんは「みんなで話してみる」といったが、みんなで話したところでおなじ話のくり返しになるだろう。いまは受け入れることができない。入居依頼は断らざるをえないだろう。

最初からその結論は見えていたかもしれない。それでも延々と話がつづいたのは、本来断るに忍びない話をどうしても断らなければならないというとき、ひとりひとりが胸のうちにかかえる思いを反芻しなければならないからだ。べてるのミーティングは、結論を出すためのミーティングではない。話すこと、みんなで集まって話しあうことによって、一人ひとりがそれぞれに納得するためのプロセスなのだ。納得を、その場で共有するための話しあいなのだ。

話が一段落したところで、横になっていた松本さんがおき上がり、また黙々と雛あられを食べはじめる。二五歳の青年は全身から倦怠感を漂わせ、ひどくしんどそうだ。

その姿を見ながら、悦子さんが声をかける。

「松本くん、自分自身とつきあうのもたいへんだもんね」

「たいへんだ」

ぶっきらぼうに答えて、松本さんは雛あられをつかみながら、一呼吸して向谷地悦子さんの顔を見つめた。俺、いま相当しんどいんだよ。

「わかる?」

「わかる」

「どうしたらいい」

「松本寛って、別にいるでしょ、ここにはいないけれども。その松本寛さんのいいところ、みんなでほめたんだもんね」

悦子さんは、話しながら中村さんの方を向く。このあいだ、みんなで松本さんのことを話しあったよね。あのときは松本さん、いまより調子悪かったけれど。

「きょう、いい顔してる。さっぱりしてる」

悦子さんがそういうと、中村さんもうなずく。

「きょう、いい顔してる」

話がとぎれて、中村さんはもぐもぐ口を動かしている。

悦子さんがまた松本さんの顔を見た。

「松本君、どこに落ちればいいかわかんないんだ」

分裂病になって間もない松本さんは、調子が悪くなったときどうすればいいのかがまだよくわからない。どこかぐあいが悪くて疲れて混乱しているのだが、そんな松本さんを悦子さんは〝落ち方〟がわからないんだとからかっている。

そうなのかなあ。じっと下を向いてあられを食べている松本さんの横で、中村さんが笑う。

「ハハハ。ああ、どこで落ちるかわかんねんだ」

「落ちようかな、落ちないかな」

リフレインのように悦子さんがくり返すと、松本さんが顔を上げていう。

「ひっかかってんだよ」

落ちるって、そうかんたんなことじゃないんだから。

「アハハ、ひっかかってるんだ」

「そうなんだ」

こんどは鈴木裕子さんも加わって、悦子さんと中村さんと三人で松本さんの評定がはじまる。

「落ちるとこまで落ちたら、あとはいいあがるだけだからね、いいよね」

「うん」

「そうだ、落ちな」

「いってみないか」

「見ててあげるから、バイバーイ、って」

「ワハハハハハハ」

分裂病で弱っている青年を相手に、いいおとなが三人で冗談をいいあっている。早くまた病気になってしまえ、落ちるところまで落ちてしまえとけしかけている。知らない人が見れば、なんというやりかと思うだろう。中村さんの左隣で聞いている松本さんはじっと光る目をときどききょろきょろさせながら戸惑っている。おばさん二人がよってたかって病気の青年をからかっている光景に、中村さんが丸い大きなお腹を揺すりながらワハハと笑う。おなじ分裂病といいながら、このあけっぴろげな笑い方はどうだろう。こんどは鈴木さんがその中村さんを見ながらいう。

「もうはいあがりきってるよ、この明るさは」

「そう、いつもはいあがりきってるんだよ、うん」

かつて落ちていたときにくらべれば、いまの中村さんは絶好調だ。

「松本君が落ちるとこまで落ちれないっていうから、あなたの〝落ちた経験〟を語って、語って」

悦子さんは中村さんの右腕をゆすりながら、あまえるように頼みこむ。ふたたびワハハと豪快に笑う中村さん。その左隣では松本さんがほほづえをつきながらあられを食べている。

それにしても、中村さんがこの前落ちたのはいつだったんだろう。

「いや、札幌いたとき。落ちてしまってまたはいあがって、そいで病気になったの」

「はいあがって病気になったの。アハハ、ややこしい」

悦子さんと鈴木さんが声をあげる。

「うーん。いや落ちるとこまで落ちて、そして転勤になったの。それが、（病気が）ばれちゃって、会社で支店長に。みんなにばれちゃって、それで転勤になったの。そのまえから病気だったんだけどさ」

「がまんしてたんだ。健常者のふりして」

そう、あのころはちょっとつらかったなと、下を向く中村さん。

「松本君とおなじだね」

「うん」

「いまは楽しく……」

「いまは幸せだよ」

中村さんの答を聞いて、悦子さんが松本さんの方を向く。

「松本君、幸せじゃないんだ」

中村さんも、松本さんの顔をのぞきこむ。

「そう？　幸せじゃないの」

「だって毎日苦しい、苦しいっていってるんだものね。つらいつらいって、生きてるのつらいって」

悦子さんには、最近松本さんがまいっているのがよくわかる。

そんなに松本君、悪いのか。中村さんは天井を見上げる。どう話せばいいんだろう。

「あんね、もう……」

考えがまとまったというように、中村さんが口を開く。

「どこまでいくか、もうなりゆきにまかせとくの」

分裂病になったら、じたばたしてもしょうがない。腹をくくることさ。俺みたいにね。

「それで落ちるとこまで落ちたら、はいあがってくればいいんだわ。なりゆきに任せとくの、毎日。自分で考えないで」

それ以外に、この病気を乗りきる方法はない。中村さんがめずらしくまとめて話をつづける。

「うん、それがいちばんだわ。で、落ちるとこまで落ちるから、これ以上落ちたら俺はもう死ぬってとこまでいったら、はいあがってこば（くれば）いいんだわ。死ぬって、死んだら終わりだよ、そこで死んだら終わりなんだからね。落ちるとこまで落ちて、死ぬってとこで、死んだら終わりなんだからね。死なないで生きていて、図々しく生きていて、はいあがってくればいいんだから。俺、そうだったんだもの」

死んだら、というところで中村さんは、「死んっだら」と息をつめて強調する。死んっだら終わりだからね、松本君。でも、そこからはい上がってくればいいんだ。

松本さんはじっとテーブルの上を見つめている。ふうん、という顔つきで鈴木さんも悦子さんも聞いている。そうか、そうなんだ、中村さんも落ちて落ちて、死にたくなったことがあったんだ。そこからはい上がって来たんだ。

でもさあ、と鈴木さんが中村さんに尋ねる。

「どうやったら死なずにすむの」

「だから、図々しく生きてんの」

「図々しくねえ」

ふうん。

中村さんはじっと松本さんを見ていた。松本君、死にたいって思ってるよな。でも、ちがう。俺、とおりこして来たからわかる。

そのおだやかな目つきを、松本さんはしばらく見返していた。

「あっハハ」

最後に松本さんは、照れたように短く笑っただけだった。

「わかった？」

顔をのぞきこむ悦子さんに、松本さんはひとこと「わかった」と答える。そしてまた雛あられを食べだすのであった。中村さんも松本さんといっしょに残った雛あられを一粒ずつつまみ出し、手のひらにためてすくうように食べている。いつのまにかスタッフミーティングは終わっていた。司会の早坂さんは影も形もない。きっと病院のナースステーションに遊びにいっているのだろう。後のほうではマグカップでお茶を飲んでいる山崎さんが、世間話をしながらかん高い笑い声をたてている。レジの電話では佐々木社長が仕事の見積もりをめぐる打ち合わせをつづけていた。死にたい死にたいという松本さんに、落ちるところまで落ちてみなと中村さんがいい、だけど死んじゃだめだよと念を押している横で、ほかのメンバーはそんなことにまったく関係なくべてるの日常を生きている。明日になれば山崎さんの方が生きるか死ぬかの話をして、となりで松本さんがアハハと笑っているのかもしれない。

たとえばべてるのミーティングというのはこのようなものだ。

そこには派手なドラマもないし、文字にしてきわだつ理念や思想が打ち出されているわけでもない。けれどべてるではこのような集まりがくる日もくる日も、朝も昼も夜もくり返されている、その気の遠くなるようなことばのやりとりの断続、視線の交差、会話とさざめきのなかに、少しずつ少しずつ蓄積され、積み重ねられ、あるいは耕されてきたものがある。「ぶつかりあいと出会い」とはこのようなものであり、「弱さをきずなに」生きるのはこのようなことなのだということをべてるの人びとは日々たしかめている。それはそのようにしてたしかめなければ、たちまち薄れ消えていく不確かであやうい人間のつながりなのかもしれない。いや、人間のつながりとはもともとそのように不確かで危ういものではないかということを、だれよりもよく知っているのはべてるの人びとではないだろうか。それは共生とか連帯ということばを安易に口にしながら決してそこに至ることのない健常者の集団が、そもそももちえなかった人間のつながりであり、その日々くり返されるたしかめ方なのではないだろうか。

このミーティングを取材した翌年、松本さんはなんどかの危機を乗りこえ、どうやら「明るい分裂病患者」への道を歩みだすことができた。けれど中村さんはまもなく日赤病院の精神科に入院している。この入院は長期になった。べてるの家のムードメーカーとして笑い、話し、絶好調だった中村さんがふたたび自らのなかに落ちてしまわざるをえなかったというきびしい現実を見ると、私はこの病気が冗談とユーモアだけでは語れないということを思い知らされる。けれど同時に、だからこそ、あるいは「にもかかわらず」、この病気は「落ちな」「いっちゃえ」という軽妙なからかいと、「図々しさ」によって語るべきものだということべてるの人びとの生き方がまたおぼろげながらわかるような気がするのである。

苦労が詰まっている

とはいえ私も、取材しはじめたころはまだべてるのミーティングのほんとうの意味がわからなかった。三度の飯よりミーティングというけれど、なんでこれほどおなじようなメンバーが集まっておなじような話をくり返さなければならないのかと、その程度にしか思っていなかった。

ところが、そうしたミーティングのなかに身をおき、じっと彼らの話に耳を傾けていると、いつのまにかだんだんと、その時間の流れが身の丈にあってくるようになる。まるで彼らのことばを呼吸するように、私の気分はその場になじんでゆくのであった。それはちょうど、長丁場の芝居を見るとき、はじめの一時間二時間はなかなか流れに乗れないのに、三、四時間すぎたころからいつしか舞台に没頭している、あの生理的な変化にもにている。しかもそのようにしてミーティングのなかに浸ってみると、べてるの会議やミーティングというものがそれまでとはまったくちがったものに見えてくる。そもそもそれは多様な意見や論点を整理して合理的な結論に至るというプロセスではない。そこで出会い、ことばをかわし、ひとつの場を共有するということ、それじたいに深い意味を見出す行為なのだ。それはいってみれば、みんなでいっしょに悩むということでもあるだろう。悩みというものは容易に結論を下すことができない。下せないから悩むのだが、その悩みをひとりでかかえこまず、みんなの場に出していこうとすることのくり返しではないかと思えるのである。

そうしたことがわかってきたのは、だいぶ後になってからだった。かえりみればミーティングだけでなく、べてるの暮らしのすべてについて、当初の私には表面的な部分しか見えていなかった。いわゆる健常者社会の効率優先、能率や生産性を重視する目でみたとき、べてるの生き方は論外でしかない。だらしなく度しがたい人びとの集団であるはずのべてるだというのに、そこに身をおいたとき、そしてその時間の流れのなかに浸ってみたとき、やがて私にはそこに深く納得する気持ちを覚えてしまう。それがなぜかを私はその後長い時間をかけて自分なりにつきつめていくことになるのだが、その最初のきっかけを与えてくれたのは大阪の講演で聞いた向谷地さんのひとことだった。

それは九七年、大東市で行われた「こころの健康ネットワーク大東」主催の講演会でのことである。早坂さんや中村さんとともにこの催しに招かれた向谷地さんは、例によってビデオ「ベリー・オーディナリー・ピープル」を上映したあと、こんなふうに話しはじめている。

「べてるの歩みというか、浦河という町で精神障害を体験した当事者たちが歩んできたいままでの二十年、少なくとも私が来てからの二十年をみてもですね、いいことはほんとなにもないですね。いいことはなにもなかったです。ところが、いいことがなにもないおかげで、べてるがこうした雰囲気でやってこられたっていうことなんですね」

向谷地さんは、いつものようにべてるのメンバーを紹介し、浦河という町を紹介してから、そこで自分たちがしてきたことをふり返るのだった。すなわち北海道の「ほんとうにさびしい町」で、精神障害者が古い教会の建物に住みつき、地域でさんざ問題を起こして出ていけといわれながら昆布の内職をはじめたこと、失敗をくり返しながら商売にとりくみ、町のなかに出ていくようになった一連のいきさつである。「日本一争いが多い」職場はパトカーや救急車のお世話になるばかりでいいことはなにもなかったが、二十年たったいま「べてるの雰囲気はひじょうに明るい」といわれるようになった。

それはどうしてだろうか。

「べてるのメンバーの、あの元気さの裏にはやはり彼らが、ひとりひとりが、自分の病気をかかえながら、この町でどうやって生きていくかって、そういう苦労が詰まってるんですね。べてるの一人ひとりはそういう面できわめてちゃんと悩んできた。いろんな地域の人たちに、しかられたりとか、出ていけといわれたりとか、そういうことにもちゃんと直面してきた。苦労にじつに直面してきました。そういう直面する場面がひじょうにたくさんあったわけです。それがべてるのメンバーの、元気の秘訣なんですね」

病気の苦労、働けない苦労、地域のなかでの苦労、人間関係での苦労。べてるの一人ひとりにはそうした「苦労が詰まっている」。それがべてるの元気を生み出してきた。ところがかえりみていまの社会で、精神障害者はそうした苦労をさせてもらえているだろうか。

「精神障害を体験した人たちがなにが不幸かっていうと、いろいろ差別とか偏見とか、社会的なサービスの不足とかってもちろんあるんですけれども、いちばん不幸なのはやっぱり〝直面させられなかった〟ということなんですね。ケアされて保護されて守られて、多くの人たちが代理になってですね、代わりになって、『この人はストレス与えたら発病する人です、病気になる人です』と守られている。そのおかげで、〝ともに暮らす〟っていうことの厳しい現実に直面することから遠ざけられてきた」

どこで遠ざけられてきたかといえば、それは病院というところだった。精神障害者はこわれやすい人たちだから、「あなた、入ってなさい」と病院に入れられてきた。みんなそれで彼らを守れると思い、守らなければならないと思ってきた。けれどべてるはそう考えなかった。守るために病院に入れようという発想ははじめからなかった。そうではなく、苦労しよう、悩んでみよう、あたりまえの暮らしをしてみようと考えたのである。そこで一人ひとりが共同住居や作業所や地域で「ともに暮らすという厳しい現実」に直面してきたのだった。

「そういう面では、べてるの人たちはそういう〝守る乏しさ〟から逆に〝地域のなかに入っていく〟、（そこでさまざまな問題に）自分たちが直面してきたたくましさっていうのがあるんですね」

向谷地さんの話を聞きながら、会場の人びとがゆっくりとうなずいている。そして私もまた、べてるとはそういうところだったのかと、はじめてその核心にふれる思いだった。

苦労が詰まっている。

べてるの家がほかとちがうことははじめからわかっていた。管理をしない、規則にしばられない集団であること、精神障害であることを隠さず、「そのままでいい」といいながら町のなかに出ていった人たちであること、けれどそのもっとも基本となる彼らの「生きる力」はどこから来たのだろう。私はそこに思いいたらなかった。向谷地さんの講演で、彼らが営々と変わらずにくり返してきたことは「苦労すること」であり、彼らのなかに詰まっている苦労こそが彼らの力、生きる力のみなもとなのだといわれて、私はそこにはじめて気づかされるのであった。

苦労、ということばがこのときから、べてるを理解するキーワードとして私の頭のなかに植え付けられている。べてるのしてきたことはすべて、この苦労ということばと結びついている。苦労すること、苦労を引き受けること、苦労に直面すること。それは精神障害があろうがなかろうが等しく求められることなのだろう。とはいえ精神障害をもつものは好むと好まざるとにかかわらず、病気の苦労を引き受けなければならない。「苦労が詰まっている」べてるの人びとは、その苦労があるからこそ元気があり、表情があり、生きる力を身につけてきた。

別な機会に向谷地さんはこうもいっている。

「浦河にいったときに、精神科の患者さんに会っていちばん最初に思ったことは、この人たちは病気によって幸せを奪われているのではなくて、本来的に人間に与えられている〝苦労が奪われている〟人たちだと考えたのです」

けれど、べてるの家でみんなが〝苦労を取りもどそう〟と考えたのは、けっして安易な精神主義からはじめたことではなかった。病気であろうがなかろうが、人間はどう生きればいいか、なにがほんとうに生きるということなのか、そのことをくり返し考えるところからはじまったのである。その基底には、たとえば精神病をかかえたときのように、「人はどんなに努力しても、あがいても解決できない苦労や悩みが備えられている」という人間存在への深い認識というものがある。人間には本来そうした苦労や悩みがあるはずだというのに、それがいまの世の中ではしばしば置きざりにされているのではないか。あるいは、だれもがそれを自分からおおい隠そうとしている。

「私たちは、生活を便利にしたり豊かにしたり、自分にないものを身につけたりいろいろ努力しているが、そういうこととは無関係に、生きることに悩みあえぐという力が与えられている、そういうことを忘れている。生きる苦労とか生きるたいへんさをすべてをとりさって、軽くなって楽になって生きたい、そういう潔癖願望が病気のように蔓延してきているように思います。そういう潔癖症……じつは人間は、どんな境遇に生まれようとどんなに恵まれていようと、ちゃんと悩む力をもっている。人間はそべてるの人びとは、潔癖になろうとしてもなれなかった人びとだった。あるいは潔癖になろうとして病気になってしまった人びとである。その彼らが自らのうちに詰めこんできた苦労は、確信や信念によってもたらされたものではなかった。精神病とそこから派生するさまざまな困難や生きづらさを引き受けながら、なおかつ生きようとした人びとが、また生きなければならなかった人びとが、それぞれに思い悩みながら積み重ねてきた苦労だったのである。たんに運の悪さや人生の不公平、病気や生活の破綻から生み出された苦労ではなく、また人にいわれてする苦労や人のためにする苦労ではなく、自ら生きることに悩み、存在することを疑い、なおかつ生きるほかにすべのなかったものが経てきた苦労だった。そうして積み重ねられた苦労が、彼ら一人ひとりのなかにはぎっしりと詰まっている。

彼らがそうした苦労を引き受け、積み重ねることができたのは、人間が生まれながらにもっている「悩む力」があったからだと向谷地さんはいう。悩む力があればこそ、病気を悩み、病気とともに生きる人生を悩み、生きることの豊かさを見出すことができる。それこそが「悩むことの豊かさ」なのだと川村先生はいい、だからこそべてるではみんなが「悩む力をとりもどそう」「悩みを深め、広げよう」としてきたのだという。

「問題に出会い、悩み苦しみもがく。そういうところにどうやってみんなで答を見出すか、掘り出すかというところに、もしかしたら人間が生きているということの本質があるのではないか。これは、私がいうのではなく、浦河で生意気にみんなでいうんです。浦河はあまり治すことにまじめじゃないですけど、みんなで掘り下げようといってやっている。土をおこす農業みたいなことをやっているんですが、浦河の精神医療の歩みは、本人たちが悩めるように、本人たちの問題は本人たちがちゃんと困るようにする、ということなんですね」

問題や苦労や悩みを、取りのぞかない。

そうすることによってはじめて、精神病という「重い事実」をかかえた人びとはその事実と向きあい、その事実のもとに生きる自分の生き方を見つめることができる。そして自らの生き方を「掘り下げ掘り下げ」、悩みをことばにしてみんなの前に出していけるようになる。それで病気がよくなるわけではなく、苦労が減るわけでもないが、悩むことをあきらめず、悩みながら考えつづけ、暮らし語りあうところで、彼らは治療という枠組みからはけっして評価されることのない豊かさを生み出している。

楽しい分裂病

べてるの人びとをべてるの人びとたらしめている、その苦労とは、では具体的にどのようなものだったのだろう。そしてまた、彼らが経てきた悩みとはなんだったのか。穏やかな笑顔の向こうに、深い沈黙の以前に、そしてまたひそやかなつぶやきのあいだに、私は彼らのなかにぎっしりと詰めこまれているであろうはずのその苦労や悩みの一端を見出そうとこころみる。そのために共同住居や作業所を訪れ、彼らとともにすごす時間を重ね、ゆきつもどりつ話をつづけるのであった。そうして私なりに理解することのできたのは、彼らの経験のわずかな部分でしかないが、そこにはべてるの真のミステリーにいたるたしかな手がかりを見出すことができる。

そうはいっても彼らの話を聞き出すことはむずかしい。早坂さんのようにある種の饒舌さにめぐまれた人もいないではないが、多くは話をすることじたいに苦労する人びとなのだ。話をすることはおろか、感情を表現することも、人に会うことさえもしりごみしてしまう。そこにむりやり踏みこんでみても、彼らはとまどい立ちすくむだけなのである。よく精神病患者は診察室でみていたのではわからない、生活のなかで見なければわからないといわれるが、それはべてるの人びととつきあっていると如実にわかる。

自分を語れない、表現できないというのはことに年配の患者に一般的な傾向で、むかしながらの精神医療を受けてきた人はべてるに来てもカメが甲羅のなかに引っこむように自らを閉じこめていることが多い。ではなにも考えていないのかというとそんなことはない。考えてはいても、それを話すことができない。なかなか話をする「エネルギーが出てこない」のである。

たとえば作業所で昆布を詰めている岡本勝さんに話しかけると、こんなぐあいなのだ。

――岡本さんも、ときどき働くんですか

「そんなに、働かない」

――たまに、来るのかな

「うん」

――ときどき、働きたいって気分にもなるんですか

「そうっす」

――どういうときに

「あっち（共同住居）にいても、つまんないだけだし」

短いやりとりのあいだは、それぞれたっぷりと間があいている。
空白をはさみながら岡本さんはゆっくり手を動かし、ときどき口を開く。

――毎日どうですか、岡本さん

「だめですね。なんだか、空虚だ」

――空虚だけど、やっぱりなんかしなきゃいけないから

「そうだね」

――これから、どうしますか

「わかんない。考えてもわかんない。こうやって生きてく」

――これまでもよく生きてきましたよね

「そうだね、みんなの世話になって」

――べてるって、どうですか

「長く住んでみれば、くだらないとこですね」

――くだらない？

「なにかしたい。人間だったら、なにかしたいもんだね」

したいけれど、なにをすればいいか「わからない。考えてもわからない」。

そんなふうに答える岡本さんは、わずかなことばに複雑な思いをこめているようでもあり、またほんとうに空虚な思いを吐露しているようでもある。けれど、会話はおおむねこのような次第で、それ以上になることはめったにない。はじめて会う人にとっては、なんともぶっきらぼうでそっけない話だ。けれどともに暮らしていればときに演歌を歌いだすこともあり、岡本さんはけっしてぶっきらぼうな人間ではなく、ぶっきらぼうな話し方しかできないのだと仲間はみんなよく知っている。

岡本さんだけでなく、べてるの古いメンバーは佐々木さんも石井さんも滝さんも、みなおなじように途切れがちな会話をする。なにをいおうとしているのか、どんなことを考えているのかは一度や二度の会話ではわからない。もちろん周囲から彼らのエピソードは山ほど聞いたし、なんども会ううちにめずらしく本人が話しこんでくれることもあったから、それぞれの人柄やたどってきた人生がやがては浮かび上がって見えてくる。けれどそうしてわかるのはいまの彼らであり、過去にどれだけの苦労を積み重ねてきたのか、どんな荒れ野を通り過ぎてきたのかが私には実感としてはなかなかわからない。

それを多少とも現実感をともなう形で見せてくれるのは、べてるの新しい世代なのである。向谷地さんによれば、早坂さんをはじめとする古くからのメンバーが「ブルドーザーのように突き進んだ」あと、べてるはいつしか豊かな黒土となって精神障害者の新しい世代を生み出すようになった。早くからべてるという場におかれた彼ら新しい世代のなかには、おなじ精神病で苦労しながらも、べてるで育つことによって回復し、和解し、病気を語りはじめた若者たちがいる。べてるはいわばこの新しい世代によって、病気に新しい可能性を開くことができたともいえるのである。そしてまたこの新しい世代の話を聞くことによってはじめて私は、外部から入りこんだものでありながら、精神病と、その病気とともに生きるという苦労の内実をたしかな手ごたえとともに実感できるようになったと思う。

そのひとりが松本寛さんである。

「純粋な精神分裂病」を標榜する松本さんは一九七二年生まれで、小学校のころは勉強もスポーツもできる優等生だった。それが高校に入ってから雰囲気が変わり、あきらかにおかしくなったのは十八歳のころだった。いまからふり返って、あれがそうだったのかと思いおこす発病当時のようすは、自宅で寝転がっているときの光景からはじまっている。

「悪さしたこととか、野球したとこととか、勉強したところとか、天井に映って。紫っぽい絵で」

はじめの兆候は、幻覚だったのだろう。

疲れはてて大の字になっていると、見あげる天井に自分の姿がはっきりと映っている。

「やばい、見てるじゃん、とか思って」

自分が自分を見ている。

「幻覚っていうか、不思議だったよ、きれいにおさまったからね、形が。それでこんど、トレーニングの帰りにお墓の方にいったんだ。そしたらこんどはお墓がね、チャリーンチャリーンって、鳴ってるんだ。あの、お坊さんが鳴らすやつ。それで、なんだこれ、と思って」

聞こえるはずのない錫杖の音が聞こえてくる。

そんな幻視や幻聴があらわれるようになったのは、過酷な練習がきっかけだった。

野球選手をめざしていた松本さんは、くる日もくる日も「死にものぐるい」の練習にあけくれていた。毎朝十キロ走り、学校にいって野球部の練習をし、夜は疲れはてて帰ってからもさらに腕立て伏せを五百回というぐあいだった。それも三六五日。

「もう、耐えてたんだ。とにかくもう野球でずうっと、つらいでしょ。へとへとだったからね」

野球がだめなら「死ぬっていう覚悟」だったが、レギュラーにはなれずリンチまがいのいじめに耐える毎日だった。一日百キロ走ったこともある。どうしてそこまでやったのか、とにかく休むということをいっさいせず、はりつめっぱなしで自分を痛めぬいていた。するとある日、天井に自分の姿が映り、お墓から声が聞こえてくる。

「話しかけたんだ、お墓にね。『僕がやってきたこと、見てたんですね』って。そしたらお墓が、全部がね、チャリーンって。いや、お墓も見てるって（思った）」

――それ、ほんとにいったの、それとも頭のなかでいったの
「ほんとにいった」

お墓だけでなく、まわりじゅうから声が聞こえる。

「風に話しかけると、バアアーッて返ってくる、答が。話しかけたら返ってくる。それで『うわあー

っ！』っと思って。なんだろ、これって。はじめての経験、お墓がこんなになって」

それが具体的にどのような会話だったのかは覚えていない。不思議なことに、分裂病患者の多くは幻聴と会話しても、それをことばとして覚えていないことが多い。すべては頭のなかでおきていることだから、幻聴そのものがことばになっていないのかもしれない。けれどそのときの松本さんは、幻聴を幻聴とは気づかず、お墓が、風が、声を出していると信じて疑わなかった。

家に帰ってそのできごとを話すと、親はとにかく病院にいこうという。

すでに松本さんはじゅうぶんおかしかった。「部屋のなかの自分の姿が見える」と訴え、家のなかを素っ裸で走りまわる。「なんで俺なんか産んだんだ」と母親を殴るかと思えば、石を飲みこんだり道路をなめるなどの奇行がはじまった。部屋にあるものをすべて投げだしたこともある。両親はかねてから、これはもうただごとではないと思っていた。

「病院いったわ。そして、やばいと思って。閉じこめられるんじゃないかと思って。そして逃げた、帯広の病院」

ロビーで父親を殴り逃げ出してしまう。病院から一気に三十キロ走った。それからバスに乗って自宅に逃げ帰った。

どうにか高校を卒業し就職したが、働きながらも練習はやめなかった。それはもう練習という名の自分いじめでしかなかった。つらいつらいと思いながらそこから抜けだすことができない。すでに友だちもなくなった孤独な青年は、働きながらランニングをし、素振りをし、あいかわらず妄想にとりつかれていた。自暴自棄で風俗店に通うなど、していることはバラバラだった。ついにある日、疲れはてて意識を失い、自宅から救急車で病院に運ばれたこともある。けれど退院すればおなじことのくり返しくりかえしだった。幻覚や妄想はさらに広がり、テレビの画面が自分の考えを放送していると思うようになった。

そしてある日、松本さんは東京に行く。自分はプロ野球選手にドラフトされるはずだのに知らせがないと思いこみ、王貞治監督の自宅を訪れたのである。少年時代からのあこがれの英雄でもあった。

――会えたの？

「会えた。夜十時ごろに家の前にいたんだ。そしたら王さんがちょうど帰ってきて車降りて、それで王さんと握手して。（握手しながら）おまえを超えてやると思ってね、心で」

――そのときなんかいってた、向こうは

「なんもいってない。なんか、記者もいたんだ、二人。ちらちら見て。そこで『握手してください』って」

王監督はちゃんと握手してくれた。松本さんは、「やったぜ」と思いながらも、王監督は「なんか、冷たい人だな」という印象をもった。「目が、にらんでいるように見えた」からだ。王監督にしてみれば、分裂病まっただなかの青年が思いつめて握手してきたのだから、この男、どこかおかしいとピンときていたにちがいない。

そのまま帰ればいいのに、松本さんはしばらくしてまた王監督の自宅に舞いもどった。なにしろ病気なのだ。

「その夜二時ごろ、また行ったんだよね。疲れてへとへとで、助けてくださいって」

もうなにをしにいったのかわからなかった。

パトカーがやってきた。警察に事情を聞かれる。けれど犯罪というわけでもないので、そのまま家に帰りなさいといわれた。羽田空港にもどったが、どうやってもどったのかさだかではない。記憶は断片的だ。空港に着いたところで死ぬほど疲れはて、涙がぼろぼろと出てきたのを覚えている。崩れるように倒れ、こんどはパトカーではなく救急車で病院に運ばれた。

「ああもう死ぬんだなあ、若かったなあと思って。それでお父さんお母さんのこととか思い出して、ああ、さびしいなあと。いいことたいしてなかった、つらかった人生だったなあって」

必死になるところと、それがふっと切れてみょうに気弱になるところと。

病院には父親が迎えにきた。親子で北海道に帰り、若干の紆余曲折を経て浦河日赤病院の精神科に入院する。二十二歳のときだった。

「松本君、すごいがんばり屋さんなんですよ」

東京三鷹市の講演で、向谷地さんは入院当時をふりかえりながらこんな話をしている。

「入院したんですけれどね、薬と名のつくものは一粒も飲んでたまるかって、がんばってたよね」

「最初は薬飲んでたんですけど、ぐあい悪くなって〝れろれろ〟って感じになって」

副作用がいやで、松本さんは薬を拒むようになった。そもそも病気だと思っていなかったのだからむりもない。けれど病院ではだれも薬を飲めと強制はしなかった。それどころか、退院したいというと主治医の川村先生は「じゃ、そうしなさい」と拍子抜けするようなことをいう。

「あの先生もおかしいですよね」

「うん。でもそのほうがね、俺にとっては自由な感じの方がいいから」

「それで薬も飲まないし、夜もあんまり寝れてなかったの」

「うん」

精神科の薬はよく体がぎこちなくなったり、ろれつがまわらなくなるといった副作用をともなう。しかもがまんして一ヵ月、二ヵ月つづけて飲んでいないと効果が安定しないことが多い。二十二歳の青年はそのことがわからなかった。薬を拒み、入院前とおなじ不眠と混乱のなかでつらい毎日を送っていた。かつての激しい野球の練習が、いまや拒薬という形をとってつらい精神病との戦いになりかわっていた。

「それで彼は八ヵ月間ね、いわゆる病院でいえば開放病棟ってとこで、ふらふらふらふら、好きなことといって、好きなことやってたんだよね」

「うん」

「八ヵ月目にね、もうほんと疲れてきたのかな、あれ」

「そうそう、過食とか拒食とかなってね。もうこれ以上やったらヤバイと思って。で、向谷地さんが〝まな板のコイ〟だから、もう死んでもどうなってもいいから川村先生に預けたらどうだって、命をね。俺もつらかったから、わかりましたっていってね」

降伏することにした。

八ヵ月間がんばってはみたけれど、幻覚や妄想はなくならないし混乱して眠れない。精神分裂病は彼の場合一見静かな病気にみえるが、本人の精神は極度の興奮とストレスにさらされ心身ともに疲れはてている。それも一日二日のことではなく、何年もつづく緊張と混乱と不安、あるいは恐怖や不眠。それに耐えながら薬を拒んでいた松本さんには、幻覚や不眠だけでなく摂食障害もあらわれていた。ほんとうにつらいのは野球の練習などではなく、こころの病であり、それに耐えつづけることなのだということがいやというほどわかってきた。

「その八ヵ月間、松本君なりに一所懸命、松本寛とつきあったんだよね」

「そうそう」

「で、白旗をついに上げる作戦を立てたんだよね」

「そうそう」

「でも、一晩考えさせてくれっていったよね。川村先生に自分の病気のことをまかせるっていうことを。一晩考えて、次の朝きたよね、相談室に」

「そうそうそう」

「で、白旗上げようって、ね」

松本さんは、もうだめだと思った。これ以上はもたない。先生のいうことを聞くしかなかった。そしてだれにいわれるのでもなく、自分で納得して薬を飲もうと思った。

「で、回診のときに、松本君はちゃんといったんだよね。先生になんていったっけ、あのとき」

「土下座して、『もうお願いします』っていって。そしたら、楽になって」

「楽になった」

「うん。過食が止まってね」

まな板のうえのコイは、川村先生に土下座して降伏した。ところが、なんとそれだけで病気はすっとよくなった。

「薬飲まないのに、楽になったよね」

「楽になった。(それまでは)あまり人間での信用してなかったんだよね、いいこともするけど悪いこともするって。それであんまり人間関係でいい思いしてこなかったから、人間不信になっていて」

人間不信で病気になったのか、病気で人間不信になったのか。いずれにしても松本さんは人を信用することが下手だった。自分自身しか頼るものはいなかった。けれど川村先生も向谷地さんも、八ヵ月間薬を拒否する松本さんを、じっと待っていた。自分自身で決めるまで、薬を強制しようとはしなかった。それは川村先生や向谷地さんが自分を信じているからだと、彼は八ヵ月かけてようやく気づいたのだろう。そうやって信じてくれるなら、自分も彼らを信じてみようと、無意識のなかで思ったにちがいない。彼のなかにひとつの新しい世界が開示された。彼はそれまでの松本寛から一歩、抜け出すことができた。自分の病気からも、一歩距離をおくことができるようになった。

「そこではじめて人を信じるっていうか、決断をしたんだね」

「うん」

「そこまでの道のりは長かったよね」

「長かった。うん」

「でも、薬飲まなくてもね、そうやって『信じて任せてみようかな』と思っただけで、それだけで楽になれたってのは貴重な体験だよね」

「そうそう。いまだからね、こんなに落ち着いていえるけどね、ほんと当時としてはぜんぜんもうつらかったもんね、いちばんつらかった」

そして薬を飲むようになって三ヵ月、どうにか症状も一段落したところで退院することができた。私が松本さんに出会ったのはちょうどそのころ、退院直後の九七年九月のことである。退院するまでたいへんだったかとたずねたのにたいして、紅潮した顔つきでこう答えたものだ。

「あー、もう、つらかったつらかったつらかったぁ――……」

それは入院する前もつらかったが、入院してからもつらかった、退院したとはいえようやく峠をこえたばかりというところだった。そうして彼が人を信じ、「ゆだねる」ということによってはじめて病気という重荷を軽くすることができたのは、拒薬から服薬にいたる八ヵ月の葛藤もさることながら、やはり入院中から周囲にいたべてるの仲間が大きかった。退院後暮らすことになった共同住居「フラワーハイツ」や作業所の仲間との人間関係も欠かせなかった。先輩の中村忠士さんに、落ちるとこまで落ちて、そこからはい上がってこいと教えられたのも、退院直後のことである。当時はまだ病気の回復期で、ゆっくり眠るような話し方をしていた松本さんはインタビューにこう答えている。

――べてるはどういうところがいいですか

「落ち着けますね。居心地がいいです」

――病気になるまではたいへんだった

「たいへんでしたあ」

――どんなふうに

「やっぱり、働けなくなったら食べていけなくなるとか、そういう不安とか、いろんなことを考えて。やすらぎみたいなのがなかった。いつもなんか窮屈なところにいる感じがしました。もう、とにかく、このまま一生つづいていくんなら死んだほうが楽だと思った時期もあったし」

じっさい、分裂病患者はそうしたつらさから、あるいは極度のうつ状態から、十人にひとりが自殺にいたるという。*つらいというのはことばの上の問題ではないのだ。そこで自分をつなぎとめてくれたのは向谷地さんであり、川村先生であり、べてるの仲間だったと思う。そうした人びとに、松本さんは入院してから、そして退院後のさまざまな人びととのふれあいをとおして信頼と安心を感じるようになっていた。

――仲間もいるし

「助けてくれるし、うん、とてもいいです」

――どんなときに助けてくれる

「つらくなったときとか、そういうときには話しあってくれたり、いろんな慰めてくれたり、だいじょうぶとかいってくれたり、うん」

——そういうふうにいってもらうと、やっぱり楽になる

「楽になる」

そして松本さんは回復への道を歩みだした。

日赤病院を退院し、共同住居のひとつ「フラワーハイツ」に住むようになった。作業所に通ったり喫茶店でアルバイトをはじめ、それまでひとりもいなかった友だちが少しずつふえるようになった。働くだけでなく、ミーティングにも加わり、講演にも行き、順調に社会復帰を果たしているかのようだった。

けれど分裂病者の歴史はその程度では終わらない。

その後の三年を見るだけでも、彼はまたなんどか病気の底に落ちなければならなかった。最初のケースが、退院の翌年おきた「自主入院事件」である。退院したといっても、病気はけっして治癒しているわけではない。抗精神病薬を飲みながらの社会復帰は、わずか一、二時間のアルバイトでも信じられないほどの負担になる。それを松本さんはもちまえの「がんばり屋」精神でやりとおそうとしていた。こんな仕事でへこたれるはずはないと思いながら働きつづけていた。けれどそれができないのが分裂病のつらいところである。松本さんはすでにかつてのハードワークに耐える身体ではなくなっていた。ついには点滴を受けながら働くようになった。

「働いたのね、すごくね。それがずっと積み重なって、一ヵ月くらい。それで疲れちゃって。でも疲

れても疲れても、やっててね、仕事を」

当然のように、病気はやってくる。

気がつけばある日、彼は疲れはてて自分の部屋で寝そべっていた。もう何日もそこに寝ていた。なにもする気がなく、生きようという気力もない。入院前、自宅で倒れたときとおなじだった。

「ベッドで横になっててもう疲れて疲れて、息してるのもやっとって感じで。ぐあい悪いんだよ。やっぱ、そこまで行かないとわかんなかったんだと思う。体の限界っていうか」

こんどは両親の顔ではなく、べてるのみんなの顔が目に浮かんだ。

ところがだれも助けにきてはくれない。

「みんな冷たいなと思って。さびしいなと思ったよね。俺、死ぬのかなーと思って、一月十日。だれもいないし」

ああ、このまま消えるのかと思った最後の瞬間、松本さんはハタと気がつく。

「やばい、これ、やばいなって感じて」

このままではほんとに死んでしまう。疲れはてて消えそうになる自分に鞭打ち、ベッドからおき上がり、ふらふらする足で日赤病院にころがりこんだ。即入院だった。

「なんか、悟るね、ああいうときって。人間死にそうになると。ああ、生きてるだけでいいんだと思ってね。みんないいんだよ、みたいなね、うん。なにやってもだいじょうぶ、みんな許せる気持ち。だから、みんなかわいくなってくるっていうか。生き返ってきたらね。もう、広い目で見られるっていうか」

落ちること、図々しく生きること、そしてはいあがってくることを、松本さんはこのときもう一度自分の体験にすることができたはずだ。けれどそうしてわがものとすることのできた人生とはいったいなんだったのだろう。

かつて松本さんは野球選手になろうとして練習に打ちこんだが、選手にはなれなかった。倒れて入院し病気ではないといいはったけれど、やはり自分は病気だと気がついた。薬は飲まないと決心したのに、つらさに耐えかねて薬の力を借りるようになった。ようやく退院して働こうとしたのに、しかも点滴を受けてまでがんばったのに、結局倒れて病院にもどってしまった。毎朝十キロを走り、五百回の腕立て伏せをしていた青年は、気がつけば一日一時間のアルバイトもできない身体になっていた。そうした一連の経験は、かつての松本寛にしてみればけっして認めることのできない、あきらかな敗北の連続だっただろう。

「僕の場合、もがき苦しんでどうしようもなかったけれど、なるようになってきたって感じで……最初は、苦しい時期はどうなっちゃうんだろうと思ったんですけど、ちゃんと楽になって」

——つらいときは死にたいと思ったこともあった

「そうですね、怒りとか、心の痛み、定かじゃないですが、疲れ果てて。死にそうになったことも三回くらいありますね。いまはそこまではもう無理しないようにもなったし、自然と」

——これからどう生きていきたいって思ってますか

「僕もけっこう家のなかで戦争くり返してるみたいなことやってたんで、家庭内で。それで二十年もやってたかな、そんなことね。物心ついてから。でもやっぱつらいんだよね、そういうのは。もう涙ばっかりで。楽しいことなんて感じられない。いまはけっこう家庭でも仲よくできるようになったし、みんなとも仲よくできるようになった。まず自分とつきあえるようになったんで、それでみんなともつきあえるようになって、それでいま楽しい生活送ってるんですね」

松本さんは、いまや自分は「楽しい分裂病」だという。病気になるまではつらかった。それが病気になってからはずいぶん楽になった。病気になったおかげで「全国いろいろ旅できて、みんなに会えて、家族も仲よくなるし、いいことつづき」なのだという。もちろんそれはあのつらい時期を過ぎてきたという経験がいわせることなのだが、その経験があればこそ、べてるのなかにあって自分は自分とつきあえるようになったし、みんなともつきあえるようになった。それが人生にたいするあきらめの結果ではなく、納得した結果であるとするなら、彼はそこで自分自身との和解をなしとげたことになるだろう。

この若い分裂病患者はその後も妄想からくる「想像妊娠」騒ぎや熱烈恋愛と破局などのエピソードを量産しているが、病気はすでに自分の個性になったと信じている。最近も松本さんの話を聞いた人から手紙が舞いこんだことがあるが、中味を読んで焦らずにはいられなかった。手紙の末尾に「あなたの病気が一日も早く癒されることをお祈りしています」と書いてあったからだ。

「俺、こまった。この人、俺の病気が治るように祈っている」

口をとがらせて、松本さんは向谷地さんにいった。

「治ったら困るんだよな。病気治ったら、前みたくがんばったらどうしよう」

前みたくがんばったら、自分のこの人生はなくなってしまう。かつてのがんばりの日々がいかに荒涼たる風景を生み出していたか、記憶は生々しい。かりそめにも病気が治るようにと祈るようなことはやめてほしいと、本気で思っている。それは病気に打ち勝とうとか克服しようとするのではなく、そうしたかたくなさから離れて病気を自らの生き方のなかに折りこんでいこうとする「ソフトなかかわり」のあらわれなのかもしれない。そんな新しい病気とのかかわり方が、べてるの場のなかには確実に広がっている。

* 『精神病』笠原嘉、岩波新書、一九九八年、一〇一頁。

灯をともす

魔性の女

「いまでも不安になることがあるんですよね。二ヵ月に一回くらい、急に、震えがくるくらいこわいんです」

発病してから十年目、長友ゆみさんはすっかりよくなっているように見えたが、病気が完治しているわけではなかった。この病気は、多くの場合完治することが期待できない。

「この前不安になったのは、幻聴で『こわい女だ』って聞こえたんです。それで、ああ、あたしってこわい女だったんだって、そう思って自分で自分がこわくなって。だいたい、不安になるときって自分がこわいんです」

ほんとうにこわくなるというより、こわくなりそうになる、その前兆におびえてしまう。自分がどうなるかわからない、あるいはなにをするかわからなくなりそうな、そのこわさ。

「いつも自分のことばかり考えてるから。そこが病気なんです。自分とつきあうのに苦労するから。もっと自信もてればいいんだろうけど」

十六歳で発病したとき、長友さんの病気の根底にあったのは不安だった。

福岡の進学校に入り、親もとを離れて寮ではじめたひとり暮らしがストレスの背景をなしていたかもしれない。おまけに学校は勉強ばかりで先生も生徒もイライラして余裕がなかった。せめて友だちでもいればよかったろうに、同室の女の子とも話ができない。不安と緊張が病気を引き起こしたのか、それともしのびよる病気が不安と緊張を強めていたのか、高校一年の三学期には勉強が手につかなくなっていた。

「毎晩寮で泣いてました。ベランダに出て。ホームシックかなんか、わかんないけど、なんなのか。毎晩、星見ながら泣いてた。なんで泣いてたのかわかんないけど、つらくて」

ある日、寮の部屋に帰るのがいやで鍵を川に投げ捨ててしまった。学校の保健室に一泊し、翌朝先生に連れられて精神科に行く。楽になりたいという気持ちもあったから抵抗はしなかった。過労といわれ、安定剤が出された。

「薬渡されたから、あ、もうあたしは死ぬ、この薬飲んだら死ねるんだなあって。それで素直に薬飲んだ」

小康状態をえて、いったんは寮にもどる。けれどそのころにはすでに、「だれかに襲われる」という漠然とした不安におびえるようになっていた。折悪しく寮で短大生が自殺未遂事件を引き起こす。そこで自分も「悪魔に襲われる」といった妄想がはじまるようになった。高校は中退せざるをえなかった。

宮崎の実家に帰ると、やがて幻聴も聞こえるようになる。

「『ブスだ』『バカだ』とかって。『頭が悪い』って。いやそうなんですけど、ただ自分で思ってることが聞こえてくるんです。自分で、こうなんじゃないかなあって感じてたりすると、それが声になって聞こえてくるんですよね。寝てばっかりいたら、『寝るなーっ』って聞こえてくるんで、『働けーっ』って聞こえてくるんで。ずーっと責められて」

四六時中、幻聴が聞こえてくるというつらさは経験したものでないとわからない。それに加えて妄想による混乱、たえまない不安と恐怖にさらされれば、だれでもまともではいられない。二十歳で最初の入院をする。

「いやもう、限界だって思ってたから……死ぬことばかり考えてた」

——そのころって、いまから考えるとつらかった

「つらかったです。つらかった」

——死にたいと思うくらいつらかった

「なんか、うん、つらいっていうことよりパニックにおちいっているっていう感じ。いっつもなんかパニック状態って感じで」

発病してからの四年間、ただもうつらかった。死ぬことしか考えていなかった。そしてある晩、つらさから逃げ出したい一心で自宅前の川に入っていった。

「死ぬつもりだったんです。真冬の十二月ころに、川にひざまでつかって。そしてなんか冷たいなあと思って、もうあたしは死ぬんだと思って。そのとき真夜中だったんだけど、川の向こうのほうに光が見えたんです。あ、光がある、と思って、光もあるんだなあ、明るいところもあるんだなあーって思って」

つらかったけれど、死ぬことはできなかった。

結局、自分は病気のつらさをかかえながら生きていくしかない。死にたいという思いと、死ねないという現実とのあいだで息たえだえに出口を求めていたとき、父親の友人の牧師が『べてるの家の本』を渡してくれた。少し読んでみて、どこかひかれるものがあった。

「すごく明るい職場だなあと思って。いけるものならいってみたい、あたしとおなじ悩みをもった人といっしょにいたいなあと思って」

そして浦河にやってきたのが一九九五年一月、阪神大震災の一週間後のことである。それから日赤の精神科に四ヵ月入院した。

私がはじめて長友さんに出会ったのは、彼女が退院してから二年あまり後、いくらか病状が安定してきたころだった。日赤病院の相談室にやってきた彼女は、大き目のトレーナーの袖から両手の指先だけを出してきちんとひざのうえにそろえてすわり、二十三歳の若い女性というより、まだあどけない十代の少女のようだった。色白でもの静かで、うつむき加減にぽつりぽつりと話をするだけだったが、ときどきまっすぐこちらを見る黒い瞳がきらきらと人を誘いこむ力をもっている。

はじめてあったときの私には、こんな清楚な若い女性が精神病院のなかにいるということが驚きだった。考えてみれば分裂病はだれでもなりうるのだから、清楚な女性や凛々しい男性がいてもまったくおかしくはない。けれど驚いたのは、彼女が日赤病院の相談室という、精神病患者が行き来する部屋のなかにいて、自然にその風景のなかにとけこんでいるということだった。

最初のインタビューをしているとき、事務机にすわっている彼女の横には入院中の仲間が入れかわり立ちかわりやってきた。その多くは一見異様な風体の人びとである。ぎょろっとした目玉に無精ひげ、よれよれのパジャマに荒い息づかいの酔っ払いのような男や、すわった目つきでなにごとかをつぶやきながら迫るように顔を近づけてくる若者たち。ふつうの若い女性だったらギョッとして席を立つような、そんな彼らがやってきては長友さんの隣にすわり、インタビューを聞いてじっと机のうえを見つめていたり、ネスカフェをすすってこぼしたり、ときになにごとかことばを発して会話に割りこんでくる。ところが彼女はまったく気にすることもなく、だれが隣にすわろうともそのまま話をつづけ、意味不明のことばには二言三言それなりにこたえて応対し、またなにもなかったかのようにこちらの質問をまつのであった。

それは奇妙に感動的なシーンだった。

少女のような楚々とした若い女性が、身なりの悪いちょっとこわそうな入院患者と違和感なく同席しているということ。しかもいっしょにいるだけでなく、どこか安心したようすでおたがいを受け入れあっている。インタビューをしながら私は、次々にやってくる患者は話の邪魔をする闖入者だと思っていたが、闖入しているのはじつは私自身のことではないかと気づくのであった。そしてインタビューしながら、私はあらためて長友さんがどれほど深くべてるのなかに包みこまれているのかを悟るのだった。

――べてるのいいところって、どういうところですか

「なんていうか、差別してないところとか、みんなお互いに励ましあったり、助けあったりして、ア

ドバイスしてくれたり。あとは、絶対ひとりにはさせないとか。いくら病気がひどくて迷惑かけたとしても、またいっしょになれるっていうか、その立場から見てくれるみたいなところです」
――ひどく悪い状態の人がいても、出ていってほしいとは思わない
「思わないです」
――いずれ、その人もよくなるから
「はい。あんまりひどいといやですけど。でもあんまり来ないです、そういう人は」
浦河にきて日赤病院に入院した長友さんは、暴れるわけでもなく、幻聴や妄想に支配されたとっぴなふるまいにおよぶわけでもなかった。どうしてこんな人がと思うほど、彼女は一見まともな患者だった。けれどいまから思えばやはり病気である。なにを聞いても答案用紙を読み上げるようにぎこちない答しか返ってこない。けっしていやがっているのではないが、その存在はどこかもどかしく、いつもなにかに気をとられているように表情が乏しかった。夜寝られない。夜中にだれかれとなく長電話し、たずね歩く。いったん寝こめば三ヵ月はおきられない。食事もとれないときがあった。その内面は強いストレスと、その反動からくる執拗な疲労にさらされつづけていたのだろう。そこから逃れようとして長友さんはいつしか「魔性の女」になっていた。
それは日赤を退院し、べてるの共同住居で暮らすようになってからのことである。自から「恋愛依存症」というように、退院してからの彼女はまことに〝情熱的な生き方〟をくりひろげるようになった。とにかく、ひとりでいるということができない。その容貌といい雰囲気といい異性の目には強く浮き立

つ存在だったから、松本さんをはじめとして言い寄る男は後をたたず、そのだれもが一見華々しい〝恋愛関係〟に巻きこまれていった。けど彼女の焦燥感にみちためまぐるしい遍歴のなかで男たちはいずれも最後には見放され失意の底に落ちる。長友ゆみに言い寄れば必ず破滅するというところから、「地雷のゆみ」というあだ名もついたほどだった。いまから思えば、それもまた病気のひとつの形でしかなかった。

——あのころは魔性で地雷だったと思う？

「思いますね。もう、自分の思いどおりになんでもしたいみたいな。必ず自分の思ったとおりに相手もさせるみたいな」

——でも楽しくはなかった

「ぜんぜん。つらかったですよ。毎晩部屋で泣いてたもん」

——まわりをふりまわすだけ

「そうなんです。いまは判断がつくようになった。前まではぜんぜん相手のことを考えないで、自分さえよければいいみたいだった」

情熱的な生き方は、いってみれば不安の裏返しでもあった。

徹底的に相手をふりまわし意のままにしているはずなのに、本人のこころにはやすらぎがない。相手を好きになればなるほど自分は不安になりつらくなるだけだった。そして好きになっては破局を迎えることのくりかえし。ほんとうの恋愛からはほどとおかった。浦河にきてからの一時期は、病気がいちばんつらい時期でもあった。そんな長友さんに川村先生は「やめろ」とはいわない。代わりにいったのが、「なるべくみんなのなかにいたほうがいいぞ」というひとことだった。そのひとことが、ずっと長友さんの頭のなかに残る。

「それであんまり、ひとりにならないようにしてました」

――だから町のなかをうろうろと

「町のなかうろうろはしなかったです。引っかけたりはしなかった。テレクラには電話したけど、ハハ」

――出かけていったの

「いや、出かけない。話だけ」

――相手は残念だったろうなあ

「ハハハ。それを夜みんなのところにいって、『いまテレクラに電話してきたんだあー』っていったんです。みんながびっくりして、わーって。『それだから不幸になるんだよ』って心配してくれた。それがもとになったのかもしれない、みんな、かまってくれるようになって」

情熱的な生き方をしながらも、長友さんは少しずつべてるのなかに入っていく。

べてるに入るにしたがって、〝情熱〟は仲間との信頼におきかわるようになった。あたりかまわずかけていた夜中の長電話も少なくなり、電話と彷徨のかわりに夜は寝て朝はおきるようになる。朝食の豆腐サラダも食べられるようになった。いつしか、人と話をするようになっていた。最初のインタビューから三年後、彼女はずいぶんとしっかりした顔つきになっていた。
――前はこんなしゃべらなかったよね
「発病してから、話、しなかったし。べてるにきてからも、みんなの前に自分を出すのがこわかったですね」
――それが出せるようになったのはどうして
「みんなと楽しんでいるうちにっていうか、ケンカしたり、泣いたり、いろんな感情をもつようになって、それで素直に自分を出せるようになったんですけど。やっぱり時間、人生、いろんな経験をして、人間は決められたように生きなくてもいいんだなあってわかってから。どんな人間でも、いいところはあるんだっていうのがわかって、自分も受け入れられるようになって、それで自分の意見もいえるようになってきました」
――そうなるまでに十年かかった
「はい。みんなに相談して。どうしたらいいか、べてるのみんなが教えてくれるから。慣れてきたっていうのもあるし、みんなを信頼できるようになったことがいちばん大きいと思う」
　十年目の長友さんは「こんなに元気になるとは思わなかった」というまでになった。ときどき幻聴が聞こえ不安が襲ってくることはあっても、死にたいとばかり思っていたつらい日々を思えば、夢のようだ。けれど、あのつらさがあったからこそ、いまがあると思っている。そのつらさをわかってくれる仲間がいなければ、ここまではこられなかった。

「私も大学に行って、ちゃんとしたとこに勤めて、結婚もしてって、そういうきれいな夢をもってたんだけど、そういう人生ばかりじゃないんだなあって。いろんな人生があるんだなあってこと、だんだんわかってきました」

薬さえ飲んでいれば、つらくなることはない。その安心感。

納豆とごはんをほんとうにおいしいと思って食べられるようになった。そのしあわせ。

「みんなとおなじように生きたいと思って、それができないなってわかったときはすごくつらかった。でもみんなとちがう道を歩んでるかもしれないけど、あたしの道も、これ、なんていうか、いいなあと思って。自分の歩んでるところもいいなあって思ってます」

夜眠れて、朝おきられて、食事ができるということに深いやすらぎを覚える日々。それは「不安なくらい、しあわせ」なのだという。

ふり返れば十六歳で精神分裂病を発病して以来、進学も就職も結婚も、世間なみのしあわせはすべてあきらめなければならなかった。世間はそれを絶望の人生というかもしれない。けれど妄想と幻聴とパニックと、そしてなによりもそのなかで生きなければならないという苦労と苦悩をとおりぬけて来た長友さんにとって、いまのやすらぎはなにものにもかえがたい。いまあるもの以上に、なにを望むことがあるだろうか。それはあきらめではなく、人生を降りつづけていった先に思いもかけず広がっていた「すてきな大地」に降り立ったような気分なのだという。

「なんなんだろう、すごい、ひとりでいてもなんていうか、しあわせって思うんです。小さいころに味わったような、すごいしあわせな気分になるんですよね」
病気の嵐が去って、いまは子どものように満ちたりている。
つぶやくようにそういう長友さんは、もはやひとりでいることに不安を感じない。むしろ、そうして
ひとりでいるときこそじっと自分の人生を見つめている。最近少しは働けるようになり、燃料会社の事
務所の電話番をするようになった。寒い冬の一日の終わりにアルバイト先の事務所を訪ねると、長友さ
んは電話番をしながら暮れなずむ海を見つめていた。海辺の事務所はがらんとして人気がなく、石油ス
トーブの燃える音がかすかに響きわたっている。
「ここからのながめが好きでね、あたし。夕陽が沈む。きれいです」
開いたガラス窓のむこうから、沈みかけた太陽が赤く顔を照らしている。
「ここにいるのがいちばん楽しいですね、あたし、ひとりになれて。掃除したり、犬にえさやったり」
電話がこなければ、ひとりボーっとコーヒーを飲んでいる。
掃除することと、犬にえさをやること、一杯のインスタントコーヒーと、そしてひとりの時間。それ
が彼女のすべてだった。人間のしあわせとは、なんとつつましいものか。そのつつましさが、彼女のこ
ころを満たしている。すべてをなくすことによって、彼女はすべてを手にいれることができたかのよう
だった。過疎の町の、だれもこない海辺のプレハブの事務所で、長友さんは深い静けさとやすらぎのな
かにたたずんでいた。ひとりぼっちで。
けれど、ひとりではあっても孤独ではない。

彼女のいまの日々は、川村先生のアドバイスと毎日飲む抗精神病薬だけでもたらされたものではなかった。それはべてるの仲間と暮らすなかで探し求められたものであり、そこにべてるの家の深い意味がこめられている。

「べてるっておもしろいところで、一人ひとりばらばらみたいだけれど、ちゃんと注意してくれるんですよね。夜遊びしていたら『あんまり夜遊びしてたらだめだぞ』とかいってくれる。仕事してなかったら、こんど仕事いっしょにしようとか、いま人が足りないから手伝ってくれないかとか、そういうふうにいってくれるとすごい、うれしいです」

はじめてべてるにきたとき、向谷地さんからよくなるまでには五年かかる、といわれた。五年たって、ほんとうに楽になってきた。

「べてるは自分の思ってることが発揮できるところだと思います。だけどなんていうか、好き勝手にはできないですね。思いどおりにはできるけど、好き勝手にはできない」

――べてるがなかったらどうなってたろう

「もう死んでますね。ハハハ。死んでる。うん」

――ほんとにそう思う

「ほんとにそう思いますよ」

――家に帰ろうとは思わない

「何回か帰ってみたけれど、結局はいいことなくて。べてるのことばっかり思い出すし、べてるにもどろうっていつも思う。もう自分の生きていくところはべてるなんじゃないかって思うようにしてます」

——この病気ってなんですか

「もうひとりの自分とのケンカ。もうひとりの、自分が描いている理想像の自分と、ほんとうの自分が格闘して、自分とつきあうのに疲れたり、楽しくなったり怒りたくなったり、泣きたくなったり。自分と向きあっている人ほどこの病気になりやすいと思います。ほんとうに真剣に自分と向きあってると、よくわからないけれど、どうつきあっていっていいか、わからなくなって発病したりするんだと思います。自分とうまくつきあえなくなって発病するんだと思います」

だから、いまはもうあまり自分とだけ向きあわないようにしている。

「失敗してもいいやとか、だめになってもいいやとか思って。ほんとうにそう思ってるわけじゃないんだけど、なんか適当でいいなあみたいな。無理して明るくしたり、変に自分を作ったり、しなくなりました」

浦河にくる前は、ファスト・フード店のアルバイトに応募して「暗いからだめ」と断られた。それがべてるではみんなが「暗くてもいい」という。なにしろ病気なんだから。それを、そうかと納得したときから逆に明るくなってきたかもしれない。

長友さんにはなんども話を聞く機会があった。相談室でのインタビューや飲み会での雑談、喫茶店や共同住居での話を通して、私は結局のところ彼女がどうして発病したのかがよくわからなかった。病気がおさまってみれば、まったくあたりまえのただの若い女性なのだから。けれど眠れずおきられず食べられず、そして家にいられずにおろおろとさまよっているころの彼女はたしかにつらそうだった。それがおさまる、その過程を一部なりとも見ていると、そこにはつねに彼女をひとりにしない、人のつながりというものがさまざまな形でおよんでいたと思いおこすことができる。その人のつながりが、長友さんがどんなに情熱的で混乱している時期でも、とぎれることなく彼女を支えつづけ、宮崎にいた四年間にはけっして経験することのなかった回復への道を歩ませることになった。彼女の病気が「自分とうまくつきあえない」ことからはじまったとするなら、それは結局のところ自分とつきあえるようになることしかなく、自分自身と和解することでしか解決の道がない。それは宮崎にいたころのように、自分だけを見つめていたのではけっしてできなかった。みんなのなかにいて、人とのつながりのなかで人間関係を回復することが必要だった。それができたとき、はじめて自分との関係も作りなおすことができたのではないだろうか。

長友さんと出会ってはじめのころ、相談室でインタビューした私は、ひとつのことを鮮明に覚えている。インタビューが終わってカセットテープをしまい、べてるの仲間についてあれこれ雑談しているとき、そのひとりである松原朝美さんが話題になったことがあった。

たぶん、朝美さんが札幌の講演にいったときのことを話していたのだろう。病気が再発したころだったから、再入院の話をしていたのかもしれない。そんなひととおりの話がとぎれたところで、長友さんがふっとつぶやくように口にしたことがあった。

「朝美ちゃん、かわいそう。あんなに若いのに」

十六歳で、分裂病になってしまった。

まだ先は長いのに。

けれどそういう長友さんも、発病したのは十六歳だった。

「ゆみちゃんだって、おなじくらいでなったでしょ」

「アハ、そうですね」

自分のことを棚にあげて人の病気を心配をしている。

それがおかしくて笑ってしまったが、私はこのときの彼女のひとことをその後なんどもなんども思い返すことになる。

朝美ちゃん、かわいそう。

長友さんにしてみれば、朝美さんもまだ若いのにこんな病気になってたいへんだなあという思いをそのまま口にしただけのことだったろう。そこから抜け出すまでは長い道のりで、もしかしたら自分とおなじようにつらい思いをするかもしれないと、そんな気持ちをこめていたかもしれない。それはさして強い思いからいったこととは思えなかった。なにしろ松原朝美さんは、長友さんや私が心配する必要はないほどに元気な新世代の分裂病患者だったのだから。

にもかかわらず、長友さんがつぶやいたひとことは深い啓示のように私のなかに響きわたることになった。

それはべてるの人びとを結びつけている、目に見えないつながりというものをあらわしていたからだろう。義理や計算からではなく、教えられたからとか人にいわれたからということではなく、そこには人が人を思う、人間関係のいちばん基本的なつながりというものがあらわれていたからだ。べてるは「場」がたいせつだといい、その場を作るためにみんながものをいえるように、管理を排しだれも排除せず、深い安心のうちに人間関係を回復する暮らし方を求めつづけてきたとしても、そのいちばん基本になるのはなによりもまず仲間への関心であり、他者への思いであるはずだ。仲間や他人への関心をもてなければ、どうして彼らとの人間関係を作ることができるだろう。他人への思いというものがなければ、どこでひとたび失われた人間関係を回復することができるだろうか。

なるほどべてるに集まる人びとは、まず自分を表現すること、自分を話すことにすべてのエネルギーを費やし、そこから他者とのコミュニケーションをはかろうとしているかもしれない。けれど話すという行為じたいは、かならずそれを聞く他者を想定している。その話を受け止めてくれる人を必要としている。逆にいうなら、他者を想定していない話、他者に話しかけるのではない話は、人間関係を作りあるいは回復するための手がかりにはならない。たとえば幻覚や妄想にとらわれて話をするとき、その話は他者には伝わらないだろう。あるいは利害計算から自分の思いを一方的に伝えるという形で話をしていても、人間関係が回復することはないはずだ。私たちが会社や学校で日常聞かされている話の多くが、じっさいは他者への思いを欠いた話であり、だからこそそこでは人間関係が作られるどころか荒廃していくことはだれもが経験していることだろう。

話をするということ、自分を表現するということ、あるいは人間関係を回復するということの、そのいちばんのもとには「他者への思い」というものがあるはずなのだ。そのような他者への思いをこめた話こそが、すべての人が求め、求められ、べてるにあってはその人間関係を耕し、豊かにしてきたことばのあり方だったのではないだろうか。大げさかもしれないが、私はそれが「朝美ちゃん、かわいそう」という長友さんのひとことに象徴されていると思ったのである。

けれどそれは、聞いたそのときにはわからなかった。

インタビューを終えた翌日、もろもろの雑事を片づけて浦河をたち、日高本線に乗ってさびしげな風景を見つづけながら列車に揺られているとき、そのことばはよみがえってきた。苫小牧の駅に着き、新千歳行きの列車をまつ人気のないホームのベンチにすわっているとき、ふたたびそのことばは理由もなく突然に、こんどはどこから来たかわからない強い思いとともに、私の胸にこみあげてくるのだった。

あれは……。

ハッとして目を上げた瞬間を忘れることはできない。そのとき、私は一瞬にしてすべてを了解したと思った。

そうか、そういうことだったのか。

そのことばの奥に、私はべてるの新しい世界を見ていた。

彼らは、つながっている。ハッとしたときの私の思いの核心には、この概念があった。長友さんと松原さんだけではなく、べてるの人びとはみなつながっている。深いつながりのなかで生きている。問題だらけでバツ印だらけで、世間から見捨てられ忘れられ、絶望という名の底辺に落ちながらもなおそこで生きつづけてきた人びと。そのような人びとがたがいにつながっているということ。またそういう人びとだからこそ、たがいにたがいを思うこころというものをもちえているということ。その彼らの生き方が、どれほど深いものになっているかに私はそれまで気づくことがなかった。もちろんべてるの一人ひとりの人間を思い返せば、ずるかったり怠け者だったりウソつきだったり、みな不十分で、聖人君子といえるようなものはひとりもいない。ただの小心者の群れであることは私たちとなんのかわりもない。けれど彼らは「つながっている」。私たちの目には見えない複雑な人間の思いのなかで、けっして強固にではないけれど、しかしたしかに、彼らはつながっている。

この思いが、私を圧倒するのだった。

それが「弱さをきずなに」という向谷地さんの言い方のほんとうの意味だったのだろうか。それがべてるの「黒土のような豊かさ」のもとだったのだろうか。人が人を思うということ、そうした思いによってつながっているということ、べてるとはそういうところだったのかと思い返しながら、そしてまた病気であってもそのなかで回復しようと切に思い、その思いを仲間に広げている人びとの生き方というものがあることを思い返しながら、私のなかには熱い思いがひしひしと迫ってくるのだった。駅のベンチにひとりすわりながら、私は息を詰まらせて泣いていた。

人間が生きるということはなぜかくも切ないのだろう。

そんな思いにおおいつくされていた。残雪の残る原生林を遠くに見ながら、私はべてるの家の人びとの、一人ひとりの顔を思い出すのだった。その一人ひとりが、切なくもなつかしかった。できることなら、後にしてきたばかりの浦河にもどりたい。そう思いながら私は、ベンチにすわりつづけていた。それまでに目にしてきたべてるの人びとの日々の暮らしが、圧倒的な形となって目の前に迫ってくる。やがて千歳空港から羽田に向かう飛行機に乗り、夜のとばりがおりる窓の外をながめているときも、涙がほろほろと流れて止まらなかった。なぜだろう。なぜ彼らはあれほどのやさしさを生きているのだろう。どうしてそのやさしさが切ないのだろう。おなじ疑問が、くり返しくり返しわきあがってくる。それはけっして感動とか興奮といった気持ちのたかぶりではなかった。深い平安をもたらす思いだった。いまから思えば、このとき私はべてるの家とのほんとうの出会いをはたしたように思う。そしてまたこのとき、少なくともこのときだけは、自分自身との和解をはたしていたように思う。

そしてこの出会いこそが、べてるの求めつづけてきたことでもあった。

「自分自身との和解」が、いつかわることなくべてるのテーマだったと向谷地さんは講演でのべている。

「べてるの家のテーマというのは、けっして精神障害者を理解して、精神障害者を社会復帰させて励ますことにあるんじゃなくて……いわゆる〝和解の達人〟であるべてるの一人ひとりの導きと支えと助けによって、だれでもが自分自身との和解を経験する場である、そして自分を回復する場である、ということがべてるのテーマだと思うんですね。そして自分自身と和解することのできた人のみが、人とも和解できる*」

向谷地さんは、自分自身はもとより、早坂さんも小山さんも川村先生も、「みんながその和解の群れのなかに参加し、わいわいやっている」、それがべてるだというのだった。

取材者としてやってきた私は、はじめそのことがわからなかった。メンバーの話を聞き、行事や講演に参加して、精神障害だのべてるの苦労だの商売だのを理解しようとしながら、彼らを外から観察しているだけだった。コクトーの詩にあるように、シャボン玉に映る庭のようなものでしかなかった。まわりをぐるぐるまわってはいるけれど、けっしてなかに入ることはできない。そんな私に、なかに入るきっかけを与えてくれたのが、長友さんのひとことだった。

もちろんあのひとことがなくても、私は遅かれ早かれほんとうのべてるにたどりつき、出会いをはたしていたかもしれない。なにしろもうそれまでにべてるとのつきあいは半年をこえていたのだから。けれど取材ではなく、みんなとおなじ高さの目線にたってべてるのなかに入っていくためには、それだけの熟成期間が必要だった。人はさまざまな形でべてると出会ってゆく。清水義晴さんは、小山直さんから送られた資料を読んだ瞬間にべてると出会い、そのなかに入っていった。その小山さんはべてるの家に出かけ、ミーティングを開き、家族ぐるみのつきあいを重ねるなかでべてるとの出会いをはたしている。私の場合には、半年にわたるつきあいのすえに投げかけられた長友さんのなんでもないひとことがべてるに目を開かせることになった。べてるとの出会いは、いわば劇的でも感動的でもない、日常の些細なひとこまから日々導かれるものなのだ。べてるの和解の達人たちは、なにをしようとしているのでもないけれど、日々の暮らしを生きるなかで私たちを映し出し、引きこみ、変えてくれる力をもっている。

そしてこれこそが、べてるの核心にあるミステリーなのだった。人はべてるにひかれ、誘われ、あるいは求めて浦河にやってくる。そしてべてるの人びとと出会い、イベントを楽しみ、ときにはナマの精神障害者とのふれあいに翻弄される。そうしてべてるを知り、笑い、その理念とされるスローガンのいくつかを学び取るかもしれない。けれどべてるの真の力は精神障害を逆手に取った笑いや、もっともらしい知の伝播にあるのではない。一見退屈で単調な日々の暮らしに、そのくり返しのなかに、そしてそのくり返しを生きる一人ひとりの思いとその思いを他者に広げるつながりのなかに、べてるの力は秘められている。その力が、べてるに出会うものを映し出し、変えることができる。そのようにして自らが変わったとき、人ははじめてべてるに出会ったことを知るのではないだろうか。

＊ べてるの家が刊行予定の『べてるの家の「非」援助論』（医学書院）草稿より引用。

病気のセンス

「べてるって、とにかく複雑な社会ですね」

向谷地生良さんは、いまや百人前後のメンバーをかかえるまでになったべてるについて、東京三鷹市の講演でこういっている。

「(早坂) 潔さんみたいに、『おれ病気してトクした』って人もいるし、松本君みたいに『(病気になって) 子どものときの夢がかなった』なんて変なことといってる人もいるし、いろんな人たちがいます。怒ってる人もいるし笑ってる人もいるし、そういうひじょうに複雑な社会、群れですね」

その複雑さが、いまの社会にはなくなっている。

早坂さんにしろ岡本さんにしろ石井さんにしろ、べてるのほとんどの人びとはいまの〝まともな〟社会では手に負えない。比較的まともに見える松本さんや長友さんにしても、いわゆる健常者の社会では〝使いもの〟にならないだろう。けれどそうしてはじき出され、落ちこぼれてきた人びとの群れが、健常者の社会にくらべるとまことに複雑な人間社会をおりなしている。それは意図して作り出したものではなかった。だれもがそのままでいいといい、たがいにそのことを認め、みんながそのままで暮らしていくうちにそうなってしまったということなのだろう。

そのままでいいというのは、けっしてその人を放っておくとか、見捨てておくという意味ではない。その人をそのまま受け入れるということであり、同時にその人のもつ問題やトラブルや、その人のつきあいづらさといった一切合財をともに引き受けるという意味なのだ。それはじつにめんどうくさいことなのである。手間のかかることなのである。まともな社会にはとてもそんなことはできない。まともな社会は問題を防ぎ、トラブルの芽をつみ、人間のはみだした部分を押さえこんで、すべて管理しやすいようにとあらゆる手を打ち構築されてきたものであり、いまの学校、企業、地域社会はほとんどがこうした〝まともさ〟によってなりたっている。べてるはその正反対の道を歩んできた。それも二十余年。その結果、ほかのどこでも見られない多様な人びとの群れができ、複雑な人間社会ができあがった。

その複雑な社会を生み出したのは、人間が人間を管理しない、だれもだれかを支配しないという単純きわまりない暮らし方だった。

「みんな、先生も健常者の人もふくめて、みんな〝横一列〟って感じがします。だからよけいこんがらがっちゃって」

浦河にきたばかりの清水里香さんは、それまでべてるのような社会を見たことがなかった。だから頭が混乱するような思いだった。日赤病院の相談室で、入院したばかりのころの清水さんは向谷地さんとこんな会話を交わしている。

「会社なんかもタテ社会だし、どこいってもタテの関係で見るものが多いんだけれども、それがこう、いちおうべてるはそういうのもあるのかななんて思ったけども、古株の人も、新しくきた人もみんな横一列。ごちゃごちゃしてる」

――ごちゃごちゃしているんだよね
「そう、なにがなんだかわけがわかんない」

ごちゃごちゃしているけれど、そこにはどこか安心感がある。そう思いながら、エンジ色の丸首セーターをざっくりと着こんだ清水さんは、切れ長の目をさらに細めて笑っていた。薄化粧のはえる色白の丸顔が、相談室の殺風景な壁をバックにふわっと浮き立っている。七年間、引きこもりのすさんだ生活をしきた病人とは、とても思えなかった。
——ここは上司も部下もいないよね
「そうですね、それで新しくきた人のほうがかえってしっかりしてたりとか」
——いばってたりとかね
「そう、変わってる」
——そういう人間関係って、はじめてだね
「そうですね、みんなけっこう、自分のことをたいせつにしているような気がする」
浦河にきて二週間あまりだったが、清水さんはべてるの本質を的確に見抜いていた。みんな横一列。そうした人間関係のもとにおかれてはじめて、自分のことを人に話してもいいのかなと思うようになる。
「病気のこととかも、いままでずーっと隠して、ほかの人にいえなかったのね。いったらちょっとあの子おかしいって思われちゃうところもあるし。だけどここにきたら、みんな楽しそうにむかしのこととか話すんですよ」
この病院にきていちばんよかったことは、よくなった人たちの「むかし俺はこうだったとか、あたしもこんなことがあったとかの話」を聞けたことだった。そういう人たちの話を聞いていると、一年後、二年後には自分もこういうふうに話ができるようになるかもしれないと希望がわいてくる。
——そういう意味では、病気にたいする受け止め方ってぜんぜん変わっちゃったんだね
「あたし、自分が病気だってぜんぜん思ってなかったんです。うん、引きこもってるだけで。あたし

は病気じゃないんだけれど、つらいから、苦しいからお薬をもらいに病院にいってるんだと思ってたの。だからあたしが両親とかに、おまえは健常者じゃないんだからっていわれたら反発していたんですよ。なんでそんな言い方するのって」

浦河に来るまで、清水さんは自分が病気だとは思っていなかった。

それが日赤に入院してから一週間ほどで自分はどこかおかしいと気づき、病気なのではないかと思いはじめる。べてるの仲間を知り、その話を聞くようになり、自分について語りはじめるようになった。そうして彼女が自分を取りもどしていく経過には目を見張るものがあった。偶然そこにいあわせた私は、そこでひとりの分裂病患者が人間の輪のなかで回復への過程をたどる姿を目の当たりにすることになる。べてるでそれまでなんどもなんどもくり返されてきた人間の回復という奇蹟を、私は清水さんをとおしてたどることができたのだった。

一九六九年生まれの清水里香さんは、大学を卒業するとともに大手スーパーに就職した。いずれ結婚し、仕事と家庭をもつ幸福な人生がその前途にはあるはずだった。それが思いもよらぬ引きこもりへの道を歩むことになったのは、入社直後、職場で経験したちょっとしたいじめがきっかけだった。そのことを退院してまもないころに書いた覚え書きのなかでこうふり返っている。

入社した当初は、研修などで同期の仲間同士で話すことが多く、先輩と仲よくなる前に男の子と話す機会のほうが多くありました。すると社内で『清水さんがだれだれとつきあっている』とうわさされはじめました。私はそんなことないのに『えー？』という感じで……うわさはどんどんエスカレートして、ついには『男好き』とか『次から次へと男にちょっかい出して、あの新入社員の女は』などといわれはじめるようになりました。

はじめのうちは、単純なうわさと陰口でしかなかった。

それに耐えながら、まじめで素直な新入社員は「負けるもんか、負けるもんかと必死になって」会社に通っていた。同期入社のなかで女性は自分ひとりだけ、数少ない大卒女子〝キャリア〟として弱みは見せられないという思いもあった。そうしたがんばりが、いまから思えば病気の伏線となる。

そんなある日、朝礼で突然、私の考えていることが相手に伝わってしまって言い当てられるというできごとが起こりました。私はそのとき、とにかく驚きでいっぱいでした。その後、私の考えていることがみんなに言い当てられるようになりました。

病気のはじまりだった。

自分の心が読まれてしまう、自分の考えていることが相手にわかってしまうというのは、分裂病患者がよく訴える症状のひとつである。そんなことがあるわけはないが、たまたま偶然の符合でそう思いこんでしまうと、世の中のすべてが一挙にその見方にピッタリあって見えてくる。そんなバカな、と思う前に、きっとそうにちがいないと思いこむ、その思いこみの下には、水面下の氷山のように巨大な不安と緊張感が蓄積されている。

いつしか、いじめていた人たちが幻聴としてあらわれ、一日中私に付いてくるようになりました。私がどこに行こうとも、私の考えていることが相手に伝わり、反復して笑われたり、トイレに入ったらトイレに入ったで『ねー、あれ見た、見た』と売り場の人たちがあれが見えたとかこれが見えたとうわさします。

妄想が現実を蝕んでゆく。清水さんはいつでもどこでも、四六時中自分は「彼ら」に見られていると思うようになった。壁も扉も関係なかった。家に帰るとその人たちが家のなかをのぞき、部屋のなかがどうの、家族がこうのとうわさしている。その声が聞こえる。ついには監視の目に耐えられず、トイレも風呂も明かりを消して入るようになった。暗闇のなかで風呂に入りながら、そのみじめさに泣くばかりだった。

私は必死で負けまいとがんばりました。しかしどこまでいっても幻聴につきまとわれます。私がいちばん見せたくない、泣いている弱い自分までも見られたとき、とうとう強がっても強がりきれず、突っぱねられなくなってしまいました。これからがんばろうというときにふんばることができない。ふんばれない。どこにも自分の弱みをさらけ出せなくなったとき、限界がきました。

ガタガタに自信を失い、こころのなかの叫び、弱さが「もろに頭のなかからふつふつと」出てくるようだった。過呼吸の発作がはじまる。いじめなんかに負けず、社会人として一生懸命やろうと耐えつづけてきた新入社員は、わずか半年にして会社をやめなければならなかった。そのときの挫折感はたとえようもなく深かったという。

けれど退職しても幻聴はなくならず、他人に監視されているという思いは強まる一方だった。もはや人から監視されないためには、人との関わりを断つことしかないと考えるようになる。そして引きこもりがはじまった。けれど、幻聴から逃れ、他人の目から逃れるためにはじめた引きこもりだったのに、ひとりになればなるほど妄想の世界は強まる一方だった。

いつも心臓をぎゅっとつかまれている感じで、気持が次第にすさみ家族にもやさしくなれなくなっていきました。家族には『じつは私はエスパー（超能力者）でみんなに監視されている！』といっても、『そんなのあるわけないでしょ』と、私のなにがつらいかまでは伝わりませんでした。つねに人から監視され『人の目に映る自分』にがんじがらめになり、七年間ずっと自分を見失っていました。

精神科に通い、投薬を受けたが、医者も家族も自分のつらさをわかってはくれなかった。人が恐ろしく、外に出るのがこわくて買い物にもいけなくなり、宇宙の果てまで逃げたいと思うようになった。

家族もどうしていいかわからなかったが、手をつくして調べるなかで母親はべてるの家の講演会が開かれることを知る。そして栃木から遠く岡山の講演会場まで出かけて買い求めたビデオ「べリー・オーディナリー・ピープル」が、ひとつの転機をもたらすことになった。引きこもっていた娘がビデオを見て、「いってみようか」という気になったのである。それはきっと、なんとしてでもここから抜け出したいという最後の本能の力だったのだろう。そうして七年間にわたる引きこもりの末に、清水さんは浦河にむかうことになった。


いちばん驚いたのは、日赤病院の精神科外来を受診して、いきなり川村先生からほめられたことです。


そうかそうか、ずいぶんと苦労したね。

川村先生は、きっとそんなことをいったにちがいない。

でも清水さん、それ、いい苦労だったね。七年間、あなたでなければできない、ほんとに貴重な経験だった。よくがんばった。浦河ではね、そういう苦労をしてきた人が花開くんだ。

と、そこまでいったかどうかは知らないが、清水さんがぽろぽろ涙を流しながらつらい体験を語りだすと、先生はほめるだけではなくよろこんでくれさえもした。

私はこんなにほめられたのは生まれてはじめてでした。病気のことで自分が肯定されたのははじめての経験でした。いままでは『幻聴が聞こえる』といったらぜんぶ否定されていました。『それはぜんぶ病気だから』『薬を飲んでるの』と、そんな話しかできませんでした。浦河にきて、向谷地さんも先生も、なんでもうれしそうに私の話を聞いてくれます。『私はエスパーだ』といってもちゃんと理解してくれてるんだとわかったとき、ほっとしました。それは私自身がほめられたというのではなく、七年間悩み苦しんでいた病気の経験を認められたような感じがしたからです。なによりも『あなたは浦河が求めていた人材です』といわれ、自分の病気の体験を必要とされていると知ったとき、天と地がひっくり返ったように驚きました。

彼女の考えがここまで整理されたのは、退院してからしばらくあとのことである。

私がはじめて清水さんに出会ったとき、彼女はまだ入院したばかりでいくらか混乱が残っていた。妄想から抜け出しきってはおらず、妄想と現実とのあいだにあいまいな区分が残っていた。けれどその顔つきは明らかに病気から回復しつつあるときの、あのほっとしたような表情を見せていた。そんな〝目が覚めた〟ばかりのころの清水さんが、ある日病院の廊下でぱったり川村先生と出くわしたことがある。たまたま清水さんといっしょにいた私は、そこで新入り患者とベテラン精神科医のやりとりをつぶさに目撃することができた。それはべてるにいてもめったに見ることのない、興味深いやりとりだった。ひとりの患者が変貌しようとする、その過程がそのままあらわれていたからだ。

エレベータホールの前の廊下で川村先生をよびとめた清水さんは、自分の病名を知りたがっていた。看護婦さんをとおして、先生には病名を教えてくれるようにと頼んだばかりである。大きなおなかを突き出した川村先生は、とぼけた顔で応じている。

「なんか、病名のこと、聞きたいって？」

「そう、病気を、病名教えてください、先生」

「ほんと？　看護婦さんに、いまいったんだけど。『あまり病名知るの、急がなくていいよ』って」

急がなくてもいいといわれても、病名がわからなければどうすればいいかが考えられない。教えてくださいと迫る清水さんに、川村先生は直接答えず、からめ手からいまの状況を説明するのだった。

「いま看護婦さんにいってきたんだけれどね、清水さんてすごく大事なことがもうできてるの。自分のことを上手にいえるし、いままで経験してきたこともすごくわかりやすいようにいえてるから、そこがいいんだって」

自分のことを話せるのは、順調だということだ。それをそのままつづけていればいい。急いで病名を知ることもない。それに精神病の診断って、そうかんたんにできるもんでもない。

けれど清水さんにすれば、七年間も自分を閉じこめてきた病気がいったいなんなのか知りたいという思いが強かった。なおも教えてほしいと食い下がると、川村先生は、だいじょうぶ、ここではみんなが清水さんを応援してるんだよといいながら、つけ加えるのだった。

「いま、病名をつけようとしたら、分裂病っていう病名がいちばん近い」

確定的にはいえないけれど、分裂病に近いんじゃないか。*

清水さんは、かねてこの病名を予測していたようだった。

「ああ、そうなんだ。幻聴が聞こえなくても分裂病ってあるんだ」

「幻聴がね、いま薬の影響もあって少し薄くなってきてるか、お話して安心してきてるから。（患者が）安心するとね、（幻聴は）減ってきたりする。割といいところにきてるんだよ、いま」

清水さんはこのときまだ自分の幻聴を幻聴として気づいていない。そんな清水さんに、川村先生はこの病気とのつきあい方を伝える。

「だいたいひとりで部屋にいてじっとして、だれとも世間ともつきあわない、人ともつきあわない、苦しいことをいわない、そうしていると、どんどんこう（分裂病の）攻撃がくるわけ。いやなことってどんどんくる。ほかの分裂病の人たちに聞いてごらん。自分のことを、自分の苦しかったことを話しはじめてから、なんかいろんなことが変わってくる。栄養をもらったように少しずつ。苦しいことがなにもなくなるんじゃないよ。いっぱいあるんだけど、（話をしていると）少しなんかちがう」

病気を治したいと思ったら、みんなといっしょにいること。みんなのなかに入って、自分の話をすること。川村先生はいつものように、そうすすめている。清水さんはといえばもうそれがかなりできているから、焦ることはない。

「ここに来て二週間くらいでしょ。二週間でここまで来れたらすごい、すばらしい。で、病状のことについて月単位で考えてほしいのと、人間関係からいうとね、年単位で考えてほしい」

「うーん……」

そんなに気長に考えなければならないんだろうか。もう七年も悩んできたというのに。けれど川村先生は、この病気はそうやってつきあうものだという。そして清水さんはべてるのホープだ、そういうつきあい方がかなりわかっている、病気のセンスがいいとまでいう。

「病気のセンス？」

「病気のセンス。うん、あるんだよ」

苦笑いする清水さんに、先生はそのセンスのよさで病気をみんなに語ってほしいという。入院して二週間で自分の病名も定かでない患者を、有望な新人だ、ホープだといい、センスがいいとおだてあげて出張講演に行かせようとしていた。

「出張にいこうとしているのも、そのセンスを磨いてもらいたいから」

「病気のセンスなんて、あるんだ」

「ある、ある。病気を治すためだけだったら、なにも（講演に行くために）飛行機に乗らなくたっていい。だけど治すためだけじゃなくて、病気をもって、どうやってこれから暮らすか、生きていくか、どうやって人とつきあっていくか、世間ともつきあうかっていうときに、なんかこう、飛行機に乗ったりしてちょっと遠くの人たちと話してみたり、広い世界を経験しなきゃ」

「役に立つんだろうか。私行っても真っ白になっちゃうような気がするんですよ」

「信じてくれっていっても信じられないかもしれないけれど、ま、だまされたと思って行ってみれば」

「先生と話すといつもそうなんだよね」

「はっはっは」

どこまでが冗談で、どこまでが本気かわからない。患者として深刻な悩みを相談しようと思ったのになんという先生だろうか。笑っている場合じゃないと思い直して、清水さんが真顔になって聞く。

「（私）治りますよね。毎日苦しいんですよ、これでも、うん。めちゃめちゃに疲れきっちゃう、自分自身に」

「ほんとに泣いて泣いて暮らしてたってのがよくわかる。でもこれ、話してるからまだいいけれど、話す相手もなく、ひとりでこの苦しみをしょってたかと思うと、泣くしかなかっただろうなってのがね、よくわかる」

「泣くしかなかった、ほんとに、うん」

「でも清水さんの笑顔って、いまね、何気なく笑顔のようだけど、貴重なんだよ。偶然に笑っててんじゃないもん。ひとりで部屋にいたとき笑ってるわけないんだから、泣いてたんだから。そこふり返ってみると、（いまは）ちょっとちがうかなって、ね。これで飛行機に乗って（講演の）出張にいったりすると変だなあって思うよ、ますます」

「自分のバカさ加減を人に話すの？」

「僕はバカさ加減とはぜんぜん見ないけれど」

「ほんとう？」

「うん、苦労として、経験としてみる。……考えてごらん、よくやってたと思うよ。がまんするしかなかったかもしれないけど。いまもがまんかもしれないけれど、がまんばっかりではない。そのちがいが、だんだんね、時間とともにはっきりしてくると思う」

そういって、川村先生は笑いながら手をふり廊下を去っていった。

清水さんはやはりキツネにつままれたような気分だった。けれど半信半疑ながら先生やみんなのいっていることがわかるような気もする。病院を出て、小雪が舞うなかを近くの喫茶店「おはなし屋」に入った清水さんは、私のインタビューに答えてこういっている。

「家にいるのがつらくて、もういっぱいいっぱいだったから、とにかくうちから出ようと思ってたんですよ。だれが悪いんでもないんだけどね、表に出るのが怖かった。もうあたし自身がからだのなかで悲鳴をあげちゃってたんだと思う」

——どこまでが病気で、そうでないかはまだわからない？

「自分はいつ病人になったかっていうのはわからない。自分との、みじめさとの戦い、みたいな感じを、はじめちゃったのがいったいいつごろだったのかなあって、感じで」

——それが病気だってわかれば、少しは救いがあるでしょ

「精神分裂病とかって名前聞いただけでも、『まさか、私が？』って感じ。そんな、幻聴も聞こえないし、悩み苦しんではいるけれども、それが分裂病って枠のなかに入るなんて。私はただ苦しんでる健常者だって思ってたの。いまではどうでもよくなって、うん、健常者でも病人でも、私が私であることに

ちがいはない、んだよねえ。名前のうえに、なにがついても変わんないというか」

分裂病の私、かあ。

ひとつひとつ、かみしめるような話し方。

まさか、私が、というとき、その声はほとんど無声音だった。けれど、病名の深刻さより、ようやくわかってきたという安堵感が先にたっている。花の二十代のほとんどを病気についやしてしまったけれど、後悔よりはこのつらさから抜け出せそうだというところで安心を覚えている。

「自分をいじめすぎちゃったから、もうちょっと、自分にやさしく、してあげられるようになろうかなあって、やっと少しずつ思えるようになった。おんなじことをして、おんなじ人生を歩んでいても、あたしみたいになっちゃう人と、そうでない人がいて、あたしは自分をいじめてずっときちゃったから。少し、ちょっとちやほやしてあげようかなって、思うようになった」

七年間苦しみ悩み、つらい思いをしてきたのがいったいなんだったのかが、ようやく見えてきた。そう語る彼女は、話のいたるところでため息をついている。たまりにたまった思いを一気に吐き出すように、いつまでもするすると出てくることばはとぎれることがなかった。小雪がやんで、夕方の金色の光がさしてもまだ、彼女は話しつづけている。インタビューに答えるというよりは、まるでモノローグがつづくように終わることのないつぶやきのなかには、ほんとうにほっとしたときの平和な解放感があった。

＊　じっさいに清水さんが川村先生から精神分裂病と正式に告げられたのはこの一年後だった。

人と話すこと

一年後、清水さんは手記を書いた。

「諦める技術——被害妄想との付き合い方」というこの手記は、彼女がどうして病気になったのか、そこでなにをどう悩み、つらい思いをしてきたのかがリアルに描かれている。私は多くの分裂病患者に出会ったが、清水さんほど豊かな言語感覚によってこの病気を語る人をほかに知らない。その意味で彼女の話や手記は当事者のこのうえなく貴重な証言であり、ほんとうに「やっかいな病気」としての分裂病を開示する手引きとなった。その手記を読むことによって、私はこの病気について専門書を読むよりよほど多くのことを教えられるとともに、この病気をもちながら生きるということがどういうことなのかをごく身近に考えることができるようになった。

さしあたりここでひときわ興味深いのは、彼女がいったん取りつかれた妄想からどうやって抜け出したかという部分である。分裂病の妄想というのは、ありえないことを信じてしまうことなのだが、その信じ方というのがひとととおりではない。絶対の確信なのだ。自分は天皇であると思い、あるいはＣＩＡにねらわれていると思う、さらにはだれかが自分の頭に盗聴器をしかけたとか、食べ物に毒をもっているなどの誇大妄想や被害妄想を信じて疑わない。病気の状態が悪いときは、どんなに説得し、論破しようとしてもその信念が強まることはあれ弱まることはない。
そうした妄想からついに抜け出せない人もいる。けれど多くは数ヵ月、あるいは数年して落ちつくとともに、あれは妄想だったのかと気づくようになる。はっきりそう気づかないまでも、どこかおかしいという感覚は取りもどすようになる。問題は、いつ、どういう形で妄想から離れることができるかだ。清水さんの手記には、その経過が克明につづられている。

私は、とにかくつらくて安定剤がほしくて精神科に通っていました。栃木の病院では、先生は「調子はどうなの」としか聞いてくれず、もし私が「きょうは調子がいいです」といったものなら薬が減らされるのではないかと心配で、ほんとうのことをいえませんでした。浦河にきて、自分が受け入れられたとき、いまの自分の調子をいってもなにも変わらないという安心感をえることができました。ここに来て、自分の体験をほめられ、人と関わるようになってようやく「自分いじめ」をしていたことに気づき、自分の病気がわかるようになりました。*

自分の病気がわかりかけてきたのは、入院してから一週間目くらいのときだった。ベッドでひとり悩んでいたとき、まわりの仲間が「あんたはバカだ」と歯に衣をきせぬ辛辣なものの言い方をしてくれる。
エスパー？　テレパシー？　そんなのだれにだってあるよ。バカだなあ、なにいってんだよ、いまごろ……。

悪意からではない。あきれた感じでそういわれると、清水さんは混乱した。そうなんだろうか。

同情ばかりされていたら光は見えなかった。精神科にきたら、バカといわれ少しは目が覚める。励まされるより、ののしられる方が効果があるとは知らなかった。

けれど、バカだといった患者が次の日には「風邪、よくなったか」と、声をかけてくれる。浦河にきてはじめにそういう「人との関わり」があった。そうしてきついもののいわれ方をしているうちに、清水さんのなかにわきおこった疑問は「あたしは性格が悪いんだろうか」ということだった。以前だったら、絶対にそんなことを認めたくはなかった。けれどそのことを考えているとき、同時に川村先生や向谷地さんにいわれたことを思い出していた。

「だめなままの清水さんでいいんだよ」

それは、だめなままの自分を受け入れなさいということでもあった。

そうしようと思いはじめたところで、一筋の光が見えてくる。

「だめなままの自分」がほんとうの自分なんだという現実を思い知ったとき、これが現実なんだと……そこではじめて妄想の世界から離れることができて、自分が見えてきました。だめなままの自分が受け入れられない。それがために、人からどう見られているかが気になってしかたがありません。でも、じっさいは他の人が見ているイメージは自分がつけたイメージでした。それが、一番はじめに暗闇のなかから見えてきたことでした。

他の人が見ているイメージは、じつは「自分がつけたイメージ」でしかない。それは彼女にしてみればコペルニクス的な転回だった。そこではじめて清水さんは妄想からの出口にたどりつく。

妄想は、はじめから強く執拗な想念ではなかった。それは些細ないじめからはじまり、だんだんマイナスの螺旋にそって広がり、強まり、いつのまにか人をそのとりこにしてしまう。不安が不信をよび、疑心が暗鬼を生じ、思いこみのなかに人はがんじがらめにされている。人間のこころは、そうした機序によって構成されている部分がだれにもあるのではないだろうか。そのマイナスの螺旋を突きくずしたのは、「だめな自分でもいい」という考え方だった。そして「だめな自分」を受け入れるきっかけとなったのは、「なんといっても『人と話すこと』だったように思います」という。自分が自分を受け入れられないのに、「浦河の人たちは私を受け入れてくれたという実感」が、清水さんにとって大きな意味のある体験だった。

ぽっと外れたところに、楽に生きられるものがあることが、自分が楽になるまでわからなかった。悩みに悩んだ頂点に回復があるのではなく、下に下にと降りていく真下に、よくなることがあった。……

いまわかる。回復のキーワード。人に話すことができるということ。

自分を守るために、人との関わりを断とうと必死になって引きこもっていた。けれど人と関わるということ、まったく逆の方法から回復への道は開かれた。それまでは自分自身のことばかり考え、まるで悩みという「牛糞がつまった山」になっていた。それが人と関わるようになれたのは、牛糞を少しずつ「ほかほかの黒土」に変えてくれる無数のミミズがいたからだった。早坂さんやべてるのほかの人びとの生き方を見ているうちに、自分はあきらめるということを学んだのかもしれないと思う。それは、やけっぱちであきらめるということではなかった。

遠回りをして、やっとだめなままの自分でいいということがわかった。自分ひとりでさんざん悩んでいたときは、あきらめるなんてことはできなかった。それができるようになったのは、自分以外の人の話を聞くことだった。そうして自分ではどうしても切れなかった悩みの悪循環を断ち切ることができたと思う。

だめなまま生きるということ。それはべてるの「ものすごい高等技術」であり、「奥の深い考え方」らしいと気づくようになったのは日赤を退院してからのことである。いまではそうした経験を、仲間とともにはじめたSA（スキゾフレニックス・アノニマス）とよばれる集まりでともに話しあい、わかちあうようになった。アルコール依存症者の集まり（AA）をモデルにしたSAは、おそらく日本でははじめての試みであり、そこにやってきた岡本さんや大和さんのような古くからのメンバーが思いもよらぬ話をするようにもなった。多くのミミズに助けられた清水さんは、いまや大きなミミズとなってべてるの場を耕している。

浦河に来たばかりのころをふり返って、清水さんにはもうひとつ思い出すことがある。それははじめて川村先生の診察を受けたときのことだった。この人なら話してもいいだろうと思い、涙を流しながら七年間のつらい気持ちや苦しい経験を話しつづけていたときのことである。思いのたけを聞いてもらったと思いながら先生の顔を見あげると、くちびるの端がヒクヒクしている。おかしいなとは思ったけれど、そのときは考える余裕もなかった。いまにして、それがなんだったかよくわかる。

「もう、あのときの先生ったら、必死にこらえてたんですよね、おかしくて笑い出すのを。人がぼろぼろに泣いているっていうのに」

聞けば、友だちの診察のときもそうだった。これだから、べてるってかなわないと思う。

＊ べてるの家が刊行予定の『べてるの家の「非」援助論』（医学書院）草稿より引用。

孤高の戦士

清水さんとおなじように、自分の病気を語りだした新しい世代のひとりに本田幹夫さんがいる。愛知県出身で一九七一年生まれの本田さんは、いまから思えば高校を中退したころ、すでに自分はなにかがおかしいという漠然とした感じをもっていた。

「宗教団体にねらわれてるって妄想で、家からあんまり出ることができなくて、家のなかに引きこもっていたんですけど、そのときにどこかで、自分は病気なんじゃないかなっていう疑いと、いややっぱりそれ（宗教団体にねらわれていること）は現実だっていう思いっていうのが半々ぐらいの状態で家んなかに引きこもってたんです」

病気はいつも急激にはじまるわけではない。予兆のように、「どこかおかしい」という状態がしばらくあって、やがてはた目にもわかる変調があらわれる。本田さんの場合、病気にいたる前奏曲が長かったのかもしれない。引きこもりになったり、喫茶店でアルバイトをしたりの時期もあった。それがやがて本格的な病気になったのだが、そこで経験した数奇な冒険談を、べてるが新しく作ったビデオ・シリーズ『精神分裂病を生きる』のなかでいきいきと語っている。*

話は、引きこもりをやめて東京に遊びに行ったときからはじまっている。ひとりで車を運転し、西新宿のあたりをうろうろしていると、奇妙な状況にとらわれてしまった。ある交差点を右折しようとするのに、どうしても右折できないのである。左に押し出され、ひとまわりしてもどってきてもまた曲がれない。おなじ一角を、ぐるぐる何回もまわりはじめてしまった。前の晩、徹夜してあまり寝ていなかったのもよくなかったかもしれない。

「そのうちに頭がかっかっかっかしてきて。そうなると、なんか、まわりの人間がみんな自分を監視してるような気になってね。で、そっから妄想がどんどんふくらんでったんだよね。監視してるってことから、あ、こりゃ、自分が道に迷うのは〝そいつら〟が道に迷わせてるんだっていうふうに」

「そいつら」というのは、かねてから自分をねらっている宗教団体のことだった。

本田さんはいつのまにか、自分が道に迷ってしまったのはその宗教団体のせいだと思いはじめていた。金縛りにあったようだった。これは、車ごとそいつらにあやつられているのではないか。

「そいで、車を捨てて、歩いて……東京のなかでも山とかあるところだったから、山を歩いて越えて、逃げてたの」

はじめはろうそくの火のように小さな不安だったが、ねらわれていると思うとすべてがそう思えてくる。不安は一気に燃え広がり、パニックになった。車を捨てて逃げ出し、一晩中、新宿から町田まで三十キロ近くを歩きつづけた。朝になり、小田急線の線路を歩いているところを駅員に見つかる。もみあいになり、駅員を殴ってしまった。

「最後にはつかまって、取り押さえられたんだけれど。で、取り押さえられても暴れてたら警察までやってきて。最後は腕とか足、しばられて警察までこうやってぶらんぶらんぶらんぶらんって吊り下げられたまま、つれてかれて、そのまま牢屋に入ったの」

捕獲されたクマのように手足を縛られ、連れて行かれた。

けれど本田さんの妄想は消えなかった。あまりにもばかげた想念を、疑うということができない。その一方でやっぱり自分は病気なんだろうかという思いもある。そんなとき、偶然テレビを見てべてるの家を知った。「ああ、もしおれが病気だとしたら、こんなとこで過ごしたいなあ」と思った彼は、父親に北海道まで連れて行ってくれと頼みこんだ。いっしょにフェリーで苫小牧に向かい、そこから車で浦河をめざしたが、そのあいだに妄想はさらに悪化していった。途中泊まった宿舎で、ついに宗教団体のボスを相手に熾烈な戦いをはじめてしまう。なにをしたかといえば、霊力で迫る敵にこちらも霊力で対抗しようとしていたのである。

「呪文を唱えていたんだよね、ひとりで。……ずーっと、その、ヘンなお経を、自分で。忘れちゃったけれど、お経をたて（唱え）ながら、宿泊施設の中をぐるぐるぐるぐる歩きまわったんだよね。そしたらなんかしらんけど、その、『宗教団体のボスが死んだ』って、感じたんだよね、テレパシーみたいなやつで。『あ、それ、俺のお経が勝ったんだ』と思って。宗教団体のボスは、俺のお経によって死んだんだと思って」

敵が死んで、なぜかわからないけれどひどく悲しかった。わあわあと泣き出してしまった。

「号泣したんだよね。もう、すっごい大きな声あげて。でも、どんなに泣いても泣いても、その悲しみが取れなくて、ずーっと泣きつづけてたら、親父がすっとんできて、おいだいじょうぶかだいじょうぶかって。病院いこう、病院いこうって」

ところが、敵が死んだからといって妄想がなくなるわけではなかった。本田さんは、宗教団体のボスは死んでも、その背後にもっと巨大な悪魔がいると思いはじめる。ほんとうの敵は、世界を支配しているこの悪魔だった。その悪魔がついにあらわれ、襲いかかろうとしている。最後の戦いだ。本田さんはふたたび立ち上がり、全身全霊をこめて呪文を唱えつづけた。

「でもその妄想はものすごいリアリティがあって、こりゃ現実の世界じゃないなんて思えないんだよね。それがほんとの現実の世界なんだよね、僕にとっては、そのときは。だからそのときは、『殺される!』っていう恐怖感で、心臓はドキドキドキドキ」

ここで負ければ世界は破滅してしまう。のるかそるか、生きるか死ぬか。恐怖感に打ちのめされそうになりながら彼は戦う。

「心臓がどんどんどんどん早くなってくからね、もう発狂したくなるんだよね、ぐあーって。殺されるーって、叫び、もう思いっきり町中で叫びたいくらい。助けてくれーって、ほんと叫びたいくらいなんだけれど、それ一生懸命抑えながらね、戦ってた」

父親は、泣いたりおびえたりしてわけのわからない息子をなんとか車に乗せ、浦河の日赤病院に連れて行こうとした。

「親父に、こわいよ、悪魔がくる、俺を殺しにくるやつがいるよーとか、親父に泣き叫びながら訴えかけていたら、親父が、そんなやついない、だいじょうぶだだいじょうぶだって車のなかでいうんだけれど」

恐怖は極限にまでふくれあがる。崖っぷちで本田さんは迫りくる死におののいた。

「殺される、殺しにくるやつがいるっていう妄想が取れなくて。こわいよ、こわいよって泣き叫んでたら、親父が、だいじょうぶだ、おれがなんとかしてやる、だいじょうぶだって言ってくれるんだよね。でもそれ、だめだ、おれ死ぬ、親父ごめんねとかいいながら、俺、もう死ぬからって泣き叫んでた」

殺される、死ぬーっ、と叫びつづける息子。だいじょうぶだといいながら病院めざして車を運転しつづける父親。このとき本人には自分を殺しに来る悪魔の姿が見えているわけではない。迫ってくる悪魔が、得体の知れない不気味なものが、いままさに自分の身体のなかに押し入ろうとしている、その感覚が実感として感じられたのだという。そいつが入ってしまったら、殺されてしまう。

「ほんで、くるくるくる、あの殺しにくるやつがくるって、車の中で叫んでたら、親父が、『だいじょうぶだ、ターーッ！』っとか、いいだしたんだよね」

剣道で打ちこみをするときのように、父親の気合が走った。

「俺がそんなやつ追っ払ってやる、ターーッとかいいだして。でもそしたらほんとに、気が楽になって。その、殺しにくる、威圧感みたいなやつがすっと取り払われたんだよね」

父親が大声で気合をかけたとたん、霧が一気に晴れるように、あれほど強かった恐怖が吹き飛んでしまった。ふと、われに帰る本田さん。けれど、しばらくするとまたあの「殺しに来る」という、悪夢のような感覚がよみがえってくる。悪魔が、自分の身体に押し入ろうとしてくる。そこで「親父、きたきたきたっ」と叫ぶと、すかさず親父が「ターッ!」と気合をかける。悪魔が消えてゆく。

そんなことをくり返しながら、日赤病院にたどりついた。

入院し、薬を飲み、妄想世界から現実世界へと少しずつもどってきた。もちろん一本調子というわけではなく、その後も一再ならずあの悪魔の妄想はもどってきた。一度は向谷地さんが悪魔に見えて大騒ぎし、そのたびに「ターッ!」「ターッ!」というかけ声が精神科病棟に響きわたった。自分でいうときもあれば、人にいってもらうときもある。

それも数ヶ月でおさまった。あとにはすっかり興奮からさめ、薬を飲みながらおとなしく入院しつづけているもの静かな青年の姿が残されていた。

妄想世界が本人にとっていかに現実であるか、その恐怖がどれほどのものかを本田さんはまだ興奮さめやらぬころ、べてるの仲間に生々しく物語っている。仲間はみんな、おもしろがって話を聞いた。「ターッ!」というかけ声のところでは、だれもが笑い転げた。そしてまた話を聞きながら、みんな自分にもそんなことがあった、あんなこともあったと、それぞれの冒険談を話しはじめる。それを聞いていると、分裂病の妄想というのは、なんと波乱万丈、起伏に飛んだ豊かな世界を生みだすものかと思う。それもただの空想ではなく、本人はほんものと信じて主人公になりきるのだから、ホラー映画などくらべものにならない。そんな体験をしてしまうと、現実の世界はなんだかつまらなく見えてしまうこともあるらしい。

入院から半年後、本田さんは私のインタビューに答えて、妄想があったときの方が「よかったと思うときもあります」といっている。

――そのときの方がすごいハイな状態で

「うん」

――まわりはふりまわされてたいへんだけどね

「ふふふ」

――ふつうの生活って、もしかするとつまらないもんなんだね

「うん。あの時は、世界を背負って戦ってたっていうような感じはあったんで。世界の悪の根源と戦っているんだっていうような気分でいたんで、なつかしいですね」

――もういっぺんもどりたい

「アハハハ。でも、もどっても妄想の世界ですからね」

いまは笑いながら当時のことをふり返るが、妄想世界の体験はゲームとちがって、体験者のなかに強い痕跡を残している。入院してから半年たっても、本田さんはなにもする気がおきないし、なににたいしても積極的になれない。それはほんとうに世界を背負って戦った、あの極度の緊張と高揚状態のあと、何ヵ月も何年にもわたり、想像もできないような深い深い疲労がつづくようなものなのだろう。

精神科病棟の食堂でワカメの味噌汁をすすり、サバの煮つけを食べている彼は、それにしてもなぜあ

んなことになったんだろうとふり返りながら、やや元気がなかった。

「最近、なにもないですね、最近。ここ三ヵ月くらい、ただ寝ておきて、食べて、それでボーっとなるっていう、そういう生活ですね。なんにもやることがない。頭もあんまり働かない」

――しばらくゆっくり休もうということなんだろうね
「うん……。看護婦さんとか、波があって、こういう波があったら、下降してる時期だから、また上ってくときがあるよ、とはいうんだけれど。この下降してる時期がもう何ヵ月もつづいてるんですよね。ほとんど落ちていくって感じで」

――どこまで行くのかな
「このままボケてしまうんじゃないかなあって思うんだけれど。いま、最悪の時期かもしれない」

たしかに、この話を聞いたときは最悪だった。

その後退院した彼は、海辺の共同住居「潮騒荘」に移り住んでいくらか元気をとりもどしている。仲間の和田真さんに誘われて絵に興味をもち、太平洋の波の音を聞きながらべてるの仲間の顔を素描するようになった。

本田さんの話のなかできわめて興味深いと思われることがひとつある。彼が悪魔に襲われそうになって心臓がドキドキ早鐘のように打ち、「ぐあーって、殺されるーって」大声で叫びたくなる、そのせっぱつまった状態のときのことだ。彼は「発狂したくなるんだよね」といっている。

ここで発狂できたら、どんなに楽なことか。

そう、思ったにちがいない。

けれどそのとき、彼は発狂していなかった。

いやその後も、発狂することはなかった。発狂することができず、自分をなくすことができないから、つらくて苦しくてどうにもならないと身もだえする。ここに、この病気の深淵がのぞいている。発狂すらできない苦しさ。それが本田さんのいう「発狂したくなるんだよね」ということばの意味なのだ。そのつらさ、苦しさのなかから、何ヵ月も、何年もかけて、彼らは帰ってくる。しかも帰ってきた場所は、以前とはちがう場所であることが多い。完全にもとどおりというわけにはいかないのだ。どうしてそんな経験をしなければならないのか、だれも答えることはできないけれど、彼らの多くはそうした経験を経ながらその後の人生を歩むようになる。そんな自分たちの人生を、本田さんはビデオ『精神分裂病を生きる』シリーズのなかで、仲間の清水里香さんとこんなふうに話しあっている。

「ああ、もう一生、この病気と戦うっていうか、まとわりつかれて」

「絶望的な気持にならない？」

「ちょっとなるんだよね」

「私もそういう時あったよ。この苦しみはもうなくならないのかなあとかと思ったら、ほんとに生きてんのもつらいと思ったわ」

「なんかもう、衝動的に死にたくなるんだわ。ぶわーっと死にたいっていう気持がね、急にくるような感じがするんだわ。もう、こうやってね、くおーって締めたくなるようなね、自分の首を。それで命を。だから、それがこわいんだよね、そういう気持になるのが、なるんじゃないかと思うのが」

「でも、死んじゃだめだよ。ほんとだよ。そこがいちばん肝心なところ」

「俺、ちょっと思ったんだけどさ、死んでもいいって、ま、あの、発狂してさ、発狂して死んじゃっても、それでもいいじゃないかって思うとね、かえって楽になった」

「わかるような気がする。苦しみが出てきたら、その苦しみごと、ぽんと放り投げることができるようになると楽になるんだよね」

「受け入れるってこと？」

「受け入れるっていうか、手放すっていうか」

「あきらめる」

「そうそうそうそう。そうしたらね、だいぶ落ち着くよ。あたしの経験からいってもね、ああ、これはもうなんともならないなって思って、ああもうこりゃだめだと思って、あきらめちゃったら、けっこうすっと、楽になれるっていうかね。いつまでも戦っているとね、どんどんつらくなるわ、うん」

分裂病になるのは、しばしばまじめで素直で、きちょうめんな人たちだ。ものごとをいい加減にできない。考えこんでしまう。そんな人たちに、「苦しみごと、ぽんと放り投げる」などということは、なかなかできないむずかしいことだろう。むずかしいけれど、そこにこだわってなんとかしようと戦っているかぎり、楽になることはできない。本田さんも清水さんも、またその話を横で聞きながらしきりにうなずいていた水野典子さんも、みんなそれぞれに病気の形はちがいながら、病気で苦労してきたということでは共通した体験をもっている。しかもその体験というのがしばしば、世界中でたったひとり、自分だけがこんなに苦しみ、つらい思いをしているという絶望的な孤独感をともなっている。もしかしたら分裂病のほんとうのつらさというのは、幻覚や妄想にふりまわされることよりも、この孤独感にあるのではないかとさえ思う。

それが仲間と出会い、おたがいの経験をわかちあうことで、つらい思いをしているのは自分だけではないことをたしかめてゆく。私もそのつらさを、苦労を経験しているのだよと語りあうことによってともにつながり、仲間を救い、自分を救い出している。

＊　べてるの家が二〇〇一年に制作したビデオシリーズ『精神分裂病を生きる』全十巻のうち、第二巻〝ヒーローたちの戦い〟で本田さんはこの自らの経験を語っている。

分裂病の真実

べてるの家の人びとの生きる力、回復への力を作り出したのは一人ひとりのなかにぎっしりと詰まった苦労だった。悩みながら積みかさねてきた苦労だった。あたりまえの人間として、町の人とおなじように苦労を引き受け、「ひっくり返ったりとっくり返ったり」しながらも、そして病気からくる生きづらさをかかえながらも、彼らは自らと和解し、仲間とのつながりをとりもどそうとしてきた。苦労することにより、商売することにより、精神病であっても自分はこの世の中にいる意味があるのだということをたしかめてきた。そうした意味で、べてるの人びとは「いかに生きるか」を考えつづけてきた人生の達人だったといえよう。彼らに比べれば、いったい健常者といわれる人びとのなかに、生きる意味をこれほどに考えつづけた人びとがどれだけいることだろうか。

そのような人びとの話を聞きつづけたとき、精神病はそこにほんとうの姿をあらわすのではないかと思えるようになる。精神病、その中心である精神分裂病は、その名前がついた百年前から隔離と治療の対象とされてきた。それは正気にたいする狂気の学名とされ、多くの含意を取りこみながら常人が立ち入るべきでない特殊な世界を造成してきたかのように見える。けれどそのようなまなざしの欺瞞性を指摘し、分裂病を身体疾患とおなじような医療技術の対象、分類概念のもとにおくことを批判したミシェル・フーコーは『狂気の歴史』のなかでこういっている。

精神病をつくりだしている澄みきった世界では、もはや現代人は狂人と交流してはいない。すなわち、一方には理性の人が存在し、狂気にむかって医師を派遣し、病気という抽象的な普遍性をとおしてしか関係を認めない。他方には狂気の人が存在し、やはり同じく抽象的な理性、つまり秩序・身体的で精神的な拘束・集団による無名の圧力・順応性の要求たる理性を介してしか理性の人と交流をもたない。両者のあいだには共通な言語は存在しない、むしろもはや存在しないのである。(『狂気の歴史』ミ

シェル・フーコー、田村俶訳、新潮社、一九七五）

正気の人びとが作り出す「澄み切った世界」は、あらゆる手立てをつくして狂気をとらえ、隔離し、矯正し、治療しようとしてきた。狂気を理性によって制圧しようとしてきたのがこの百年の精神医学であり、精神病院や保健所を中心に作られてきた精神医療体制だった。いや、この社会そのもののあり方だった。そうした技術や体制は、たとえばすぐれた抗精神病薬の開発や社会復帰を重視した開放医療の流れを生み、多大な成果をあげてきたことはまぎれもない事実だろう。けれどその一方で、この病気はいまだに原因がわからず、決定的な治療方法もない。ひとにぎりの患者をのぞき、完治することはむずかしい。生涯の病気としていかに再発を防ぎ、可能なかぎりでの社会復帰を達成するかが「澄み切った世界」のこの病気にたいする戦略だった。その戦略はしかし、いたるところでほころびを見せている。

なによりもまず、べてるの人びとが「そのままでいい」といったとき、今日の精神医学はどう答えることができるのだろうか。精神病であってもいい、病気を治してくれなくてもいい、それよりも自分たちはあなた方とおなじように苦労して生きてみたい、そのなかで回復したいといったとき、医学はそれにたいする答えをもちえない。医学とは、症状を記述し分類し、病名をつけることはできるが、その意味を説明することはできないからだ。あなたは分裂病ですということはできるけれど、ではどう生きるべきかについて検討するのは医学の責任外のことだ。けれど、その部分を無視しているかぎり、患者の回復はありえない。精神病は、結局のところ人間関係の問題である部分が想像以上に大きいのだから。

誤解のないようにつけ加えるのだが、もちろんべてるの人びとといえども薬は飲んでいる。医療や福祉を否定しているわけではない。すすんでその恩恵に浴している。そうしながらもしかし、診察を受け、薬を飲んでいるだけで精神病は治せないことを彼らは自分自身の経験をとおし骨身にしみて知っている。回復への過程は、一度病気によってこわれた人間関係を、人間の輪のなかで、ことばによって取りもどす作業をくり返すなかで、はじめて見出すことができる道筋なのだ。それも、悩み、苦労し、その苦労を共有し、べてるという場のなかでつながりあった人びとが作り出す豊かさがあって、はじめて可能になることのように思えるのである。そうした作業を可能にしているのは、「澄み切った世界」の理性の人びとだったのだろうか。「病気という抽象的な普遍性をとおしてしか関係を認めない」人びとの言語だったのだろうか。早坂さんと向谷地さんの語ることばや、本田さんと清水さんのやりとりを聞いていると、そしてまた彼らが作り出している人間関係と、その人間関係のつながり方を見ていると、私にはとてもそのようには思えない。正気と狂気を峻別し、理性の言語しか介在しないところで病気と向きあっても、おそらく治療は部分的な成果しか上げることができないだろう。その延長で、どんなにすぐれた薬を開発してもこの病気がすべて完治するようなことはありえない。精神病とは、突き詰めてみるときわめて人間的な病気なのだから。その病気をなくそうとするならば、人間性そのものの変更という、ありえない本末転倒を招くことになるだろうから。

つまりかんたんにいうならば、べてるの家の人びとがなしたことは「狂気との交流」だったのではないか。狂気を制圧し、あるいは解消することをあきらめたすえにたどりついた戦略として、彼らは狂気とともに暮らし、その言い分に耳を傾け、語りかけ、その生き方にあるときは共鳴し、またあるときは抜け出しながら、けっして狂気を敵として澄み切った世界に対峙させようとはしなかった。そのときはじめて精神病は、人間の顔をもったのではないだろうか。精神病とは、別の世界にあって人間の理性を狂わせるいまいましい病理ではなく、そもそも人間存在の一部なのだと思うことによってその本来の姿を見せるように思えるのである。

けれど、それは「交流する」ことによって精神病が昇華されるという意味ではない。精神病は、分裂病は、つねに私たちをその世界に引きもどすのである。

狂気は自分の本質的な謎のなかで目をさましている。(同)

フーコーは、精神病は澄み切った世界によって疎外された地平の向こうで、それ自身のなかで目を覚ましているといった。それは理性がどう扱おうが、けっして消えることはないし、その本質が弱まることもない。人間性を変えないかぎりなくなることはないという精神病のなかのある種の絶対性こそが、べてるの家の生き方のすべてについて、そのもっとも基底の礎を担保してきた。精神病のこの絶対性があればこそ、べてるの人びとはその頑強さに自らをあわせ、自らの生き方を定めなければならなかった。そのことを向谷地さんはこういっている。

現実には多くの人たちが、病気となりながらも「夢よもう一度」の気持ちを捨て切れず、競合しつつ右上がりの人生の方向を目指し、何度も何度も自分に夢を託し、昇る人生に立ち戻ろうとする。ところが、不思議なことに「精神障害」という病気はそれを許さない。「再発」という形でかたくなに抵抗する。まるでそれは、あなた自身の生きる方向ではないと言うように……。(向谷地生良、『こころの科学』一九九六年、六七号)

夢よもう一度、というのは、たとえば佐々木實さんが服薬をやめたときのことだ。退院してから何年もたって症状も安定し、もういいだろう、ここまでくればだいじょうぶと思って薬をやめたとき、まちがいなくあの病気は目をさますのであった。あるいは松本寛さんが退院して働き出したときだ。人なみに働き、自分も一人前の人間になりたいとがんばったとき、病気は上にあがろうとする彼を確実に引きずり下ろすのであった。松本さんは点滴を受けながら働き、へとへとになって倒れ、結局人なみになることをあきらめなければならなかった。がんばってはいけない、がんばらなくていい、あなた方はそういう生き方をするように定められているのだからと、この病気はいっているかのようだった。

私は、そこに不思議な自然の摂理を感じずにはいられない。もしかしたら、病気とは、再発とは、最も理にかなったこころの叫びなのかもしれない。その意味で、精神障害という病気そのものが、私たち自身の生き方の方向を定めるセンサーとして機能しているように見受けられる。(同)

精神障害者とは、だれよりも精度の高いセンサーをもった人びとなのかもしれない。一方、健常者といわれる人びとはそのセンサーの感度が低いのだろうか。そのためにがんばってしまうのだろうか。あるいは感度の低さによって人間関係をあいまいにし、ごまかしているのかもしれない。病気になれない人びとは、たてまえと本音を器用に使いわけ、他人にたいし仮面をかぶり、いつしかよろいをまとっている。精神障害者は、そのような器用な生き方ができない人びとなのだ。上にのぼり、成功し、右上がりでありつづけることが当然とされるこの社会で、それができずに取り残され、下にとどまった人びとである。けれどその彼らがこの世にあることによって、しばしば上にいったもの、強いものを人間存在の疎外と荒廃から救い、和解させる力をもっているのはなぜだろう。

「精神障害」という忌まわしい病には、人間自身に対する深いメッセージが隠されているような気がしてならない。もともと人間には、人間としての自然な生き方の方向というものが定まっているのではないか。……その生き方の方向というのが、「右下がり」の方向であり、昇る生き方に対する「降りる生き方」なのである。（同）

長友ゆみさんはそれを「みんなとちがう道」といった。その道を歩まなければならないとわかったときはひどくつらかったが、いまではそんな自分の道が「なんていうか、いいなあと」思っている。清水里香さんはそれを「ぽっと、外れたところに」ある生き方なのだといった。そういう生き方を見つけるまでには、二十代のほとんどを悩みつづけなければならなかったが、その苦労のすえに「苦しみごと、投げ出す」生き方にたどりついた。あるいは早坂潔さんは自分たちは「バツ印」なのだという。はがゆくて足りないものばかりで、みんなバツかもしれない。けれどいっぱいあるバツ印をぜんぶ囲むようにして、最後には大きなマルがついている。

そうしたすべてのことをもたらしたのは「ことば」だった。べてるで使われる、ほんとうに生きたことばだった。ことばを取りもどすことが、回復への第一歩であることを川村先生はくり返しのべている。

「彼らから、すばらしいことばやすばらしい経験がいっぱいわいて出てくるというのは、僕がこの仕事についた当時は想像もできなかった。いま、べてるのメンバーは圧倒的にたくさんのことばをもっています。そしてことばで出会っていくというものがほんとうに大きいんだなと、僕らはあらためて感じさせられていますね」

彼らがことばを取りもどす過程は、まるで留学生が日本語を学んでいくようなものだという。そのようにしてことばを取りもどし、語りはじめたとき、そこにはそれまでだれも見たことも聞いたこともない豊かな世界があらわれてくる。

「幻聴もそうですし、妄想の世界も、否定的にみる必要はまったくなくて、とにかくみんなの場にもってきて経験として話をすることによって、多くの人たちを解放したり、笑いを引き起こしたりする。笑いながら話しているると、自分のなかにも『たしかにおかしかったなあ』という、自分自身を客観的にみる視点が生まれてきたり……いろんな人間の暮らし方とか関係のもち方のなかでも、なにかだいじなものをおたがいに見つけあっている」

　そういう意味で、川村先生は幻聴や妄想を否定したり治したりしようとはしない。幻聴も妄想も、それがみんなのなかで語られたときにはひとつの文化となり、「豊かなコミュニケーションや豊かな関係を作っていくうえで大事な世界」になるからだ。そうした分裂病の症状は、個々のケースを病気としてとらえたときはほんとうにつまらないのに、それを「みんなが持ち寄る」ことによって、一転して豊かさに変わってしまうのはいったいなぜなのだろう。

「べてるの集団は、〝哲学者集団〟ではないだろうかと思います」

　二〇〇一年春、東京杉並の和泉教会であいさつしたとき、川村先生はこういっている。*

「さいわいにして私が病気を治さないものですから、（彼らは）病気のことよりも〝生きること〟〝いま存在すること〟の意味、従来医療の枠のなかで語られていたことの次元をこえたことを考えていると感じています。私はその邪魔をしなかった医者だったと思います」

　川村先生も、はじめは熱心な医師だった。「先生のおかげで治りました」といってもらえるように一生懸命診療にあたってきた。それをやめたのは、「浦河ではそんな医者は三流」だと気がつくようになったからだ。この町では、自分の考えを押しつけたり、人びとの苦労する権利、悩む機会をうばうようなことをする医者は「患者を怨みながら転落していく」ことになるだけだ。

「向谷地君なんか最悪の人間で、医者はほんとうに鍛えられます。彼は『先生、やはりいろいろ問題はなけりゃダメですね』といいます。『え、そりゃいったいなんのことだろうか』と思いますよね。ふつう問題はないほうがいいに決まってるんです。しかし浦河ではそれじゃやれないんです。鍛えられるんです。『いま、目の前でおきていることにどんな価値、意味があるのか』、それを問いつづけなければならない。でなければ、ものごとを否定的にしか見られなくなってしまう。そしておかしな善意とか、おかしな治療をすることになってしまう。それではおたがいの関係のなかに豊かなものが生まれる可能性をことごとく摘みとってしまうことになるのです」

過疎の地浦河で精神病であるという現実に直面し、人間として生まれてきてほんとうにしあわせなんだというところにたどりつくためには、いったいどんな条件が必要なのか、そのことを考えなければならない。

そしてじっさい、そのことを考えつづけたところでべてるの家が生まれ、人が集まり、人びとの暮らしが広がっていった。

それははじめから今日のような豊かさをそなえていたわけではなく、それを目指していたわけでもない。べてるの人びとはひたすら考え、〝生きること〟や〝いま存在すること〟の意味を問いつづけ、試行錯誤をくり返した結果今日のような暮らしを築いたのだった。それは医療の枠という次元を超え、人間どうしのぶつかりあいと出会いをくり返すなかで形作られた生き方だった。そうした生き方だからこそ、べてるはメンバーがふえ、活動はのびつづけている。そしてあらゆる問題はなにひとつ解決されず、ふえるばかりだからべてるがなくなることはない。また一方、そうした生き方を変えなかったからこそ、そこになじめず去っていったものも少なくなかった。そもそもなじめるかどうか以前に、病気が悪化して閉鎖病棟にもどったものもひとりふたりではない。病気は、それが人間の条件であるかのように、すべての人びとの生き方の前提となり、現実となっている。その現実があればこそ、人びとは考えるのである。生きることを、そしていま存在することの意味を。

べてるはすべての人をしあわせにするしくみではなかった。それどころか、やってきた人びとに自らが直面する問題の意味を問い、考え、悩み苦労して生きることを求めるところだった。そこにきても病気をかかえながら生きる苦労はなにひとつ変わらない。変わらないけれど、考え、悩み、苦労し、そのすべてを人間の輪のなかに出しながら生きる暮らし方を二十年つづけてきたところに複雑な人びとのつながりが生まれ、目に見えない豊かさを生み出す場があらわれ、境界のない開かれた共同体が作り上げられてきた。そのなかに入り、そこに群がる人びとのつながりに支えられ、ことばをかけられ、ぬくもりにつつまれているとき、私にはこれこそが人間のほんとうの生きる形なのではないかと思えてくる。なによりもそこには人びとの群れのなかにあるという感覚があり、その人びとが生きたことばによってつながっているという魂のやすらぎのような安心感がある。それは強くすぐれたものが勝ち残る社会のどこにも見出すことのできない感覚だった。上へ上へと目指す生き方のなかでは想像することもできない人間の暮らしのあり方だった。

ふり返ってみたとき、私が通りすぎてきた強いものの社会、べてるから見れば雲の上にあって繁栄し上昇しつづけているように見える社会、その学校や企業や地域は、思えばなんと希薄な人間関係しかもちえなかったことだろう。見渡せばどこにも規則やマニュアルや教訓や知恵は山ほどあるというのに、人びとは真につながるということがなく、つながるとはどういうことかも知らないまま精神の荒野に孤立している。けれど浦河という過疎の町で、足りないものだらけの日々のなかで、べてるの人びとは生きるためになくてはならないものを手に入れ身につけてきた。精神病者という、これほど孤立し、排除され、価値の有無を問われがちな人びとが、つながり、群れ、暮らすなかでことばをとりもどし、生きることの意味を問いつづけている。なにもないところに生み出された、仲間への思い、語ることば、和解へのまなざし。そこで私はまたあの消え入るようなつぶやきを思い出すのである。朝美ちゃん、かわいそう、あんなに若いのに。

人はパンのために生きるのではないというけれど、ではなんのために生きるのかといえば、こうした人間のつながりのために生きているのではないだろうか。あるいは人はパンのみにて生くるにあらずというけれど、ではなにをよりどころにして生きているかといえば、つながりと、そのつながりを生みだす他者への思いというものによって生きているはずなのである。あるいは、そう思わせる生き方の深さというものがべてるの人びとには共有されている。そうした生き方の形が、深いやすらぎを生み出している。べてるの家の人びとはこのやすらぎというメッセージを伝えながら、浦河の町でいまなお問題だらけの日々を送っている。

＊　この部分の川村先生の発言は、『榛名拾遺集』石田望編著二〇〇一年六月刊の記録より引用した。

そして私の前にはべてるの家の最後のミステリーがとり残されている。べてるの家には場の力があり、生きたことばがあり、それを生み出した一人ひとりの苦労やつながりというものがあったとしても、ではその総体としてのべてるを可能にしたものはいったいなんだったのかという疑問である。べてるを作ったのは個性あふれる一人ひとりのメンバーの生き方だったとしても、またユニークな支援スタッフのおかげだったとしても、あるいは小山さんたちをはじめとする町の人たちの力が欠かせなかったとしても、なぜ浦河という町にべてるの家が生まれ、二十年あまりの歳月を経て多くの人びとのこころをとらえるようになったのかを説明しきることはできない。

それはそもそも説明しきれることではないかもしれないが、私はそこにやはりひとりの人間の生き方が色濃く反映されていることを見逃すわけにはいかない。向谷地生良さんというソーシャルワーカーがかかわりつづけたことによって、べてるはその礎となる部分を形作り、理念となるべき考え方を練りあげてくることができた。日々山ほどおきる問題と向きあい、苦労し悩むなかで一人ひとりが生きる力を身につけること、あるいは問題の責任を問うのではなくその意味を考えること、そうした生き方は向谷地さんひとりが提唱してできたものではなかったが、しかし向谷地さんがべてるにかかわり、多くの人びとと二十年にわたりぶつかりあいと出会いをくり返すなかで育まれ、鍛えられ、絶え間なく周囲に伝えられていった。

そうした考え方、生き方を求め、語りあうことができたのは、向谷地さん自身がべてるのメンバーとおなじように、しかしちがった形で、さまざまな苦労を重ねてきたことと深く結びついている。学生時代の向谷地さんは、自分の危機は苦労のないことだと感じていたという。けれどそれはじっさいに苦労していなかったということではない。自宅からの仕送りなしで自活し、難病団体の支援活動もしていたというから、学生としてすでに十分な苦労をしてきたはずだ。それでも納得できなかったというのだから、はじめから頑固な性格だったのだろう。それが浦河にきてようやく〝ほんとうの苦労〟を経験することになる。しかもその苦労のはてに挫折を重ね、深いひとつの感慨をいだくことになった。

それは一九七八年、向谷地さんが日赤に就職したときからはじまっている。

浦河の町にはじめてやってきた二十二歳のソーシャルワーカーをまず待ちかまえていたのは、アルコール依存症の患者やその家族のかかえるさまざまな問題だった。過疎の町だというのにアルコール患者だけは異常に多く、アル中のホームレスまでいた時代である。いまはべてるの元気なメンバーになっている何人もの患者が、日赤病院の玄関先で酔いつぶれていたり、集団で日赤の救急病棟に担ぎこまれてくることもめずらしくはなかった。家庭訪問にいけばドタバタの騒ぎに巻き込まれ、怒鳴られたり殴られたり味噌汁をかけられたりしながら、向谷地さんはこの問題の奥深さ、むずかしさをつぶさに体験することになる。

「そういった家庭のなかでたくさんの子どもたちが育てられていることがわかりました。そしてじつは、そのお父さんたちもおなじような境遇で育てられていることがわかりました。そしておじいちゃんたちもおなじような境遇で育てられ、貧しさとアルコールによる家庭崩壊のなかで子ども時代をすごし、さまざまな傷や苦労を背負いながら、差別的な体験を背負いながらおとなになってアルコールにおぼれていく。そのくり返しが何十年も、何世代もくり広げられているという現実に出会いました」

アルコールの修羅場は、くる日もくる日もおなじことのくり返しで際限がなかった。しかもそのくり返しはきのうきょうはじまったことではなく、歴史と、文化と、地域に深く根ざしている。ひとりのソーシャルワーカーの努力ではほとんどなにも変えることができないとわかったとき、向谷地さんは巨大な壁につきあたったときのような、ひじょうな無力感を覚えずにはいられなかった。

そうして苦悶する向谷地さんをさらに痛めつけ、徹底的に鍛えることになったのは、共同住居でともに暮らしたひとりのアルコール依存症の患者である。

恵庭の自衛隊にいたことがあり、大尉とよばれたこの患者は、しらふのときはほんとうに実直で礼儀正しい人だったが、少しでも酒が入ると人が変わった。その酔い方は異常酩酊ともいうべき劇的なもので、この病気が浦河の町や人びとにもたらした災厄と問題の多さはいまからふり返ってみてもなみたいていのものではない。その大尉と、向谷地さんは共同住居でともに暮らすことになった。異変がおきたのは、暮らしはじめて一週間後のことである。

「敵機来襲……」

大尉は、共同住居の二階から双眼鏡で外をうかがい、ビール瓶の入ったケースを積み上げていた。部屋に日の丸を飾りカセットから軍歌を流し、窓からは脱出用のロープをぶら下げている。

「攻撃開始、手榴弾!」

そういいながら大尉は、ビール瓶を二階の窓から通りに向けて投げはじめた。次々とビンが割れ、ガラスの破片が飛び散って道路は泡だらけ。それでも大瓶を投げつづける大尉は、「ほふく前進」などと叫んで狂乱状態に移行する。近所の人が飛びだし、となりの教会にいた宮島夫人もかけつけ見守るなかで〝戦闘〟はつづいた。人と車が右往左往し、町中が大騒ぎになってパトカーがかけつけた。

その後も大尉の妄想はおさまらない。二階にいると敵が攻めてきて危ないといって、一階の向谷地さんの部屋に土足で踏みこみ籠城する。教会の番犬だったゴンもつれこんだ。そして部屋の電話を使って交換をよびだし、「ホワイトハウスにつなげ」とか「アラファト議長を出せ」などと支離滅裂な交信をはじめた。寝ていた向谷地さんを無理やり起こし、「お前も戦え」と命令する。疲れはてた向谷地さんが「もう休戦します」といって寝込むと、ナイフを突きつけプロレスの技ではがいじめにし、耳元で目覚し時計を鳴らして寝かせようとしない。犬のゴンもそれにあわせて吠えついた。

大尉はいつもなにかを異常に恐れていた。自室の錠は三重にし、鉄パイプを毛布にくるんでもち歩く。かと思うと日の丸を立てラジカセの軍歌を響かせながら町内の銀行に出入りし、一円ずつ貯金しては難癖をつける。病院のロッカーに泥棒に入り、「浦河伝道所のものだ」といってあちこちで金をだまし取り無銭飲食を重ね、町一番のきらわれ者になっていった。酔いつぶれて道に寝ているところをパトカーにひろわれ、教会に運びこまれたことも再三である。多くのアルコール依存症者を見つづけてきた宮島夫人に、「一品でしたね。ああいう人にめぐり会ったことない」といわせたほどの人物である。

その大尉といっしょに暮らして、向谷地さんはほんとうにふりまわされた。ほとほと痛めつけられた。そして身にしみてわかったことは、こんなことは「もういやだ」「自分にはできない」という思いだった。日ごろソーシャルワーカーとして、精神障害者をかかえた家族にああしなさいこうしなさいといっている自分が、いざその立場におかれてみると、とてもではないができない。ビール瓶が飛びナイフがせまり、犬のゴンが吠え立てる。そうしたことが自分の目の前でおきると、もう事態を距離感をもって冷静に受け止めるなどということができなかった。

浦河で二年あまり暮らしたあと、大尉は病院や役場や消防や町のみんなから「どうか出ていってください」と請われ、列車に押し込まれるようにして町を去っていった。どこをどうしていたのか、十年後に再び浦河に舞いもどってきたときには、すでに身体がぼろぼろになっていたのだろう。日赤に入院して二ヵ月後にひっそりと息をひきとっている。四十八歳だった。

大尉の葬儀が終わったあと、向谷地さんは川村先生に「あれが、べてるのはじまりでしたね」と語りかけている。

それは大尉がずばぬけて多くの問題をおこしたからにちがいない。問題のあるところにべてるが生まれるとするなら、大尉はまさしくべてるの家の胎動につながっていた。徹底的にふりまわされ痛めつけられながら、あのとき私たちもずいぶんいろんなことを教えられましたねと宮島夫人はいい、向谷地さんもまたそうやって育てられたんですとふり返っている。簡単にいえば、あれほどの問題に直面していれば、もうなにもこわくないということだろう。あるいは、このときすでにあらゆる問題に対処する際のこころがまえを学んだということかもしれない。それは、だれも大尉の代わりに生きることはできないし、大尉の問題を引き受けることもできない、大尉の問題はかぎりなく大尉に返していくしかないということだった。そうした考え方は、その当時からいまにいたるまでべてるに変わることなく貫かれている。

アルコール問題にまきこまれ、大尉の存在によって自らの限界を悟らされた向谷地さんは、一方職場でも泥沼のような人間関係にまきこまれていた。当時日赤の部長だった精神科医に、精神科への出入りを禁止されたのである。

上司にあたる精神科医は、それでも進歩的な医者だった。地域ではじめての断酒会や患者の回復者クラブを組織し、精神医療に人一倍の熱意と工夫をかたむけている。けれどそれほどの医者でも、さすがに向谷地さんのしていることは理解できなかった。患者と距離をおくどころか、いっしょに暮らしてしまうソーシャルワーカーは、けじめがなく許しがたいばかりか、自らの立場を脅かす不可解な存在と映ったのだろう。そういうやり方をやめろといい、もう病院に来るなといった。辞職勧告である。それでもやめないでいると、ついに向谷地さんに精神科への「出入り禁止」をいいわたしてしまった。

足止めは五年つづいた。

このころが、向谷地さんがいちばん苦労した時期である。

アルコールで崩壊した家庭の際限ない争いやもめごとにまきこまれて疲れはて、その背後にある歴史の壁に無力感を深め、早坂さんがひっくり返るのをどうすることもできず、そうでなくてもべてるの家はもめごとだらけだというのに昆布の内職も行き詰まっていた。次から次へと背負いきれないほどの重荷がいくつものしかかるばかりだのに、どれひとつ解決への道筋を見出せない。おまけに職場は締め出され、人間関係が破綻している。挫折の連鎖で胃が痛くなった。胃潰瘍になった。無力感にうちのめされ、立ち直ることができなかった。

そこで見えてきたものはなんだったか。

そのときのことを一九九九年、札幌での講演でこういっている。

「いろんなことがあったときに、私は絶望感みたいなものが自分のなかに実感していくのがわかったんです。『もしかしたら、これがほんものの絶望感かもしれない』と、〝絶望感〟という深い鉱脈を掘り当てたかのような感慨といいますか、感動が自分を襲うようになりました。『あ、これがほんとうの行き詰まりなのかな』『これがほんとうの絶望というものか』『自分はいい経験をしている』と思えたんですね。これだ、と。私の前には自殺未遂をはかったり、いろいろ生きづらさを抱えている人たちがいるわけですが、『こういう気持ちになるのかな。そうか、こういう気持ちでそうなるんだ。そうか、そうか。これで、生きたくなくなる気持ちになったり、生きるのをやめようと思うんだ』『これはいいものを経験させてもらった』というふうに思えたんですね。究極のものを掘り当てた、そういう感じを思うようになりました」

ついに自分も絶望におちいったという「感慨」が、そこにはあった。

このとき向谷地さんははじめて、早坂さんや佐々木さんやべてるにいるみんなのところにたどりつき、つながったという思いをもつことができたのかもしれない。自分の苦労はこの世界のどこかとつながっているはずだという思いをかねてもってはいたが、どこでどうつながっているのかわからなかった。それがこんなところで、絶望という鉱脈を掘りおこすことによってつながったということが、深い感慨とともについに見えてきたのではなかったろうか。

「私は早坂さんや佐々木さんに出会って、病気を経験した人たちと出会って、この人たちは人間関係に傷ついて、関係のなかで自分を見失って、関係を閉ざしてきた人たちだと、それを回復する関係が必要なんだ、豊かな関係が必要なんだと思ったんですね。……自分は人間関係に苦労している、じゃあこの苦労をどうやったら豊かな関係に変えていけるか、これはだいじな宿題をもらったと思ったんです」

絶望のなかで思ったのは、そういうことだった。

五年たって、上司の精神科医が「君には負けたよ」といいながら握手を求めてきた。札幌の病院から川村先生がやってきてあとをつぎ、日赤の精神科は少しずついまのような姿に変わってゆく。べてるの家もいつしかどん底を抜け出し、町に出て商売への道を歩みはじめていた。五年がすぎてみれば、べてるの人びとに助けられて、向谷地さんもまたどん底をあとにしていた。

べてるの家の歩みがどこからはじまったかを考えてみると、そのはじまりは佐々木實さんが古い教会堂に入居したときからとみることもできるし、旧教会堂がべてるの家と命名されたときとみることもできる。ずばぬけて多くの問題を起こした大尉が浦河にやってきたときがそうだったのかもしれない。けれどべてるの生き方、暮らし方が真に根をはり、内実をもつに至ったのは向谷地さんが「絶望という鉱脈」を掘りあてたころと重ねあわせることができるのではないだろうか。べてるの家がひとつの理念として確立されたものになったとするなら、その理念はこの絶望の体験に源を発している。

絶望、すなわちすべての望みを断たれること。

それはべてるの家の一人ひとりがさまざまな形で体験してきたことだった。分裂病で、アルコールで、うつ病で、あるいはそうした病気がもととなる差別偏見で、一人ひとりがそれぞれどん底を経験し絶望にうちひしがれてきた。そこで生きることをやめようと思い、けれどそうすることもままならず、生きのびたすえに気がつけば精神病という病を背負ってひとり荒れ野に残されている。そうした人間がひとり集まりふたり集まり、群れをなし場を作り、暮らしを立ててきたのがべてるの家だった。

そこでは、生きることはつねにひとつの問いかけをはらんでいる。

なんの不条理によって自分は精神病という病にかかり、絶望のなかでなおもこの世界に生きていなければならないのか。病気をもちながら生きる人生に、いったいなんの意味があるのだろうかと。

その問いかけにたいして、V・E・フランクルのことばを引いて向谷地さんはいうのである。「この人生を生きていてなんの意味があるのか」と考えてはいけない、「この人生から自分はなにを問われているか」を考えなければならないと。*

「私たちがこれからおきる人間関係だけでなく、さまざまな苦労や危機にあう、その場面でどう生きられるか、その生き方の態度を自分に課していく。……この人生から私がなにを〝問われている〟のか。私が問うのではなく、私が問われているのです。あなたはこの絶望的な状況、危機のなかでどう生きるのかと」

絶望のなかからの問いかけ。

それがべてるの理念のはじまるところだった。

もしもべてるの家が絶望ではなく、希望からはじまったとするならば、その歩みはまったくちがったものになっていただろう。メンバーは明日を信じておたがいに励ましあい、病気を治し生活を整え、技術を身につけ仕事に挑戦し、そして困難を克服し昇りつづけて社会復帰を果たす道を目指したことだろう。けれど絶望からはじまったアプローチは正反対の道を歩もうとする。そこでは、最後には死すべき存在である人間が病気をかかえながらも苦労し悩むことを求められ、一人ひとりが生きづらさを生きなければならず、弱さをきずなにつながりあい、かぎりなく降りていくことによって広い大地に降り立とうとする。

絶望からはじまり、深い幻滅をくぐりぬけ、ひたすら降りてゆく生き方のために、べてるでは苦労が与えられ、悩みが勧められる。絶望することが援助され病気であることが肯定され、そのままでいいという生き方、あるいはそのままでしかいられないという生き方が提唱される。不思議なことに、あるいは当然のこととしてそうなるのだろうか、その生き方は問題のあまりの多さにもかかわらず、ほかのどこでも見つけることのできない人びとの顔つきのよさと、深い安心と、思いもかけない豊かさとを生みだしている。べてるの人びとは、そうした生き方が、いますぐこの社会で役に立つことはなくても、これから二百年後、三百年後の世界でかならず評価される価値を擁しているにちがいないと、ひそかなる妄想をふくらませている。

＊『それでも人生にイエスという』V・E・フランクル著、山田邦男・松田美佳訳、春秋社、一九九三年、二七頁。《私たちが「生きる意味があるのか」と問うのははじめから誤っているのです。つまり、私たちは、生きる意味を問うてはならないのです。人生こそが問いを出し私たちに問いを提起しているからです。》（傍点原著）

あとがき

なぜべてるの家や精神障害者の取材をするようになったのかと、これまでになんどか聞かれたことがある。偶然のなりゆき、というのがいちばん正しいのだろうが、あえていうならテレビというメディアの一員として精神障害者がかかわったとされるいくつかの事件に直面し、右往左往したからといえなくもない。そうした事件がおきるたびに、私たちメディアはそれをどう伝えればいいか、しばしば混乱した議論をくり返してきたのだが、気がついてみればそこではだれひとりとして、当の精神障害者がどのような人びとなのか、彼らがなにを考えているのか知りはしなかった。

もともと関心の深いテーマだったこともあり、私は九七年春ごろから精神病院を訪ね、専門家の意見を聞き、作業所を見学するようになった。そして半年ほどのちに、べてるの家と出会っている。

それは、それまでに見たどのような作業所やグループともちがう、異色の存在だった。

精神医療の世界で異色だっただけではない。この社会で、あるいはこの地上に生きる人びとのなかで、よくもこのような人間集団が存在しえたものだと驚愕の念を覚えずにはいられないような生き方暮らし方というものがそこにはあった。これはいったいなんなのか、なぜこのような生き方が可能だったのか、そう思いはじめたところで、私はすでにべてるの家に取りこまれていたのかもしれない。

それからはじまったことは、取材というよりは私自身の精神の漂流だった。

ジャーナリストが取材対象に同化して取りこまれてしまうというのは、一般的には力不足の証拠とされている。その意味では、私はまったく力がなかった。しかし三十二年間報道現場にいて、取材しながらこれほどまでに自分の生き方を考えさせられたこともない。やがて私はそこでジャーナリストとしての倫理だとか力量だとか、そんなものが意味をなさないほどに自分自身が問われていることに気づくのであった。精神障害を知り、理解しようとしてはじまった取材はいつしか当初のテーマからかけはなれ、人間とはなにか、生きるとはどういうことかを考える日々におきかわっていた。もちろんそうした思索がただちに実を結ぶことなどあろうはずもないのだが、そうであってもなおかつ考えつづけようとする人びとの群れのなかに置いてもらうことによって、私は自分自身が変わり、自分と世界とのかかわりが変わっていくことをくり返し実感できたと思う。その経験が、この本のベースになっている。

なお、本文中の早坂潔さんをはじめとするべてるの人びとの発言はおもにインタビューやミーティングの場で収録したが、各地で行われた講演からも多く引用している。そうした講演や「こころの集い」の記録の参照に、宮村和枝さん、向谷地悦子さん、鈴木裕子さん、小山直さん、小山祥子さんをはじめとするみなさんのひとかたならぬご協力をいただいた。また発言の一部はTBS「報道特集」一九九七年十二月七日放送、「筑紫哲也NEWS23」一九九九年十月八日、二〇〇〇年二月十八日および二〇〇一年五月十日放送分から引用している。『べてるの家の本』など、文献から収録した部分については本文や注で表示した。

末尾になってしまったが、取材にご協力いただいたべてるの家のみなさんと関係者の方々に深く感謝の意を表したい。

べてるの家の連絡先は、〒057-0024　北海道浦河郡浦河町築地三丁目5－21。
ホームページ　http://www.tokeidai.co.jp/beterunoie

二〇〇二年三月

斉藤道雄

著者略歴

（さいとう・みちお）

1947年生まれ．ジャーナリスト．TBSテレビ報道局の記者，ディレクター，プロデューサー，解説者として報道番組の取材，ドキュメンタリー番組の制作に従事．先端医療，生命倫理，マイノリティ，精神障害，ろう教育などをテーマとしてきた．2008年から5年間，日本唯一の"手話の学校"明晴学園校長，その後4年間，理事長を務めた．著書に『原爆神話の五〇年』（中公新書，1995）『もうひとつの手話』（晶文社，1999）『希望のがん治療』（集英社新書，2004）『治りませんように』（2010）『手話を生きる』（2016）『治したくない』（2020，以上みすず書房）がある．

斉藤道雄

悩む力

べてるの家の人びと

2002年4月16日　第1刷発行
2021年2月1日　第19刷発行

発行所 株式会社 みすず書房
〒113-0033 東京都文京区本郷2丁目20-7
電話 03-3814-0131(営業) 03-3815-9181(編集)
www.msz.co.jp

本文印刷所 平文社
扉・表紙・カバー印刷所 リヒトプランニング
製本所 誠製本

Printed in Japan
ISBN 4-622-03971-0
[なやむちから]
落丁・乱丁本はお取替えいたします